最新法律文件解读丛书

行政与执行法律文件解读

总第 177 辑(2019. 9)

最新法律文件解读丛书编选组　编

人民法院出版社

图书在版编目(CIP)数据

行政与执行法律文件解读．总第177辑/最新法律文件解读丛书编选组编．--北京:人民法院出版社,2019.11
(最新法律文件解读丛书)
ISBN 978-7-5109-2662-4

Ⅰ.①行… Ⅱ.①最… Ⅲ.①行政法-法律解释-中国
Ⅳ.①D922.105

中国版本图书馆CIP数据核字(2019)第248045号

行政与执行法律文件解读·总第177辑
最新法律文件解读丛书编选组 编

责任编辑 张 奎
出版发行 人民法院出版社
地　　址 北京市东城区东交民巷27号 邮编 100745
电　　话 (010)67550673(责任编辑) 67550558(发行部查询)
65223677(读者服务部)
客服QQ 2092078039
网　　址 http://www.courtbook.com.cn
E-mail courtbook@sina.com
印　　刷 三河市国英印务有限公司
经　　销 新华书店
开　　本 787毫米×1092毫米 1/16
字　　数 140千字
印　　张 8
版　　次 2019年11月第1版 2019年11月第1次印刷
书　　号 ISBN 978-7-5109-2662-4
定　　价 22.00元

卷首语

2019 年 7 月 14 日，中央全面依法治国委员会印发了《关于加强综合治理从源头切实解决执行难问题的意见》（以下简称《意见》）。党的十八大以来，以习近平同志为核心的党中央站在全局和战略的高度，将解决执行难确定为全面依法治国的重要内容，作出重大决策部署。制定出台《意见》的主要目的，就是为了深入贯彻落实习近平总书记全面依法治国新理念新思想新战略，进一步促进各地区各有关部门重视、支持和保障执行工作，充分发挥综合治理、源头治理对执行工作的重要推动作用，确保完成党中央提出的“切实解决执行难”目标任务。

2019 年 8 月 2 日，最高人民法院印发了《关于健全完善人民法院审判委员会工作机制的意见》（以下简称《审判委员会意见》）。审判委员会制度是中国特色社会主义司法制度的重要组成部分，是本轮司法体制综合配套改革的重要内容。为贯彻落实中央关于深化司法体制改革的重大战略部署及新修订的人民法院组织法，最高人民法院在认真调研论证和充分征求意见的基础上研究制定了《审判委员会意见》，进一步健全完善相关工作机制，充分发挥审判委员会的职能作用。

《最新法律文件解读》丛书
编　辑　部

范春雪　（010）67550525

姜　峤　（010）67550573

丁丽娜　（010）67550608

张　奎　（010）67550673

路建华　（010）67550660

执行编辑　张　奎

邮　　箱　271717306@qq.com

目　录

【行政法规、法规性文件与解读】

国务院办公厅

关于促进平台经济规范健康发展的指导意见

（2019 年 8 月 1 日） …… *1*

国家发展改革委员会等部门有关负责人就《关于促进平台经济规范健康发展的指导意见》答记者问 …… *6*

中央全面依法治国委员会

关于印发《关于加强综合治理从源头切实解决执行难问题的意见》的通知

（2019 年 7 月 14 日） …… *15*

中央依法治国办负责人就《关于加强综合治理从源头切实解决执行难问题的意见》答记者问 …… *20*

中共中央办公厅　国务院办公厅

关于加快推进公共法律服务体系建设的意见

（2019 年 7 月 10 日） …… *24*

司法部有关负责人就《关于加快推进公共法律服务体系建设的意见》答记者问 …… *31*

国务院

关于修改《烈士褒扬条例》的决定

（2019 年 8 月 1 日） …… *33*

【司法解释、司法指导性文件与解读】

最高人民法院

关于健全完善人民法院审判委员会工作机制的意见

（2019 年 8 月 2 日） …… *41*

健全完善审判委员会工作机制　推动司法责任制全面落实
——最高人民法院审管办负责人就《关于健全完善人民法院审判委员会工作机制的意见》答记者问 …………………… 46

最高人民法院
关于死刑复核及执行程序中保障当事人合法权益的若干规定
（2019 年 8 月 8 日） …………………………………………………… 52

最高人民法院行政诉讼法司法解释理解与适用
（第二十六条～第二十九条） ………………………………………… 54

【部门规章、规章性文件与解读】

市场监督管理行政许可程序暂行规定
（2019 年 8 月 21 日） ……………………………………………… 65

统一市场监督管理行政许可程序　完善市场监督管理许可规则
——《市场监督管理行政许可程序暂行规定》解读 ………………… 79

市场监管总局　国家发展改革委　工业和信息化部
民政部　财政部　国资委　银保监会
关于进一步加强违规涉企收费治理工作的通知
（2019 年 8 月 3 日） …………………………………………………… 84

民政部社会组织管理局负责人就《关于进一步加强违规涉企收费治理工作的通知》答记者问 …………………………………… 87

科创板上市公司重大资产重组特别规定
（2019 年 8 月 23 日） ……………………………………………… 91

最高人民法院　司法部
关于扩大公证参与人民法院司法辅助事务试点工作的通知
（2019 年 6 月 25 日） ……………………………………………… 92

【司法实务问题研究】

《强制执行法》立法背景下“切实解决执行难”的路径探析
……………………………………………………………… 柳德新 99

【新类型疑难案例选评】

陈某亭诉上海市住安建设发展股份有限公司等案外人执行异议之诉纠纷案
［评析］房屋买受人提起案外人异议之诉审理路径探析 … 李文达 111

[行政法规、法规性文件与解读]

国务院办公厅
关于促进平台经济规范健康发展的指导意见

2019 年 8 月 1 日　　　　　　　　　　　　　　国办发〔2019〕38 号

各省、自治区、直辖市人民政府，国务院各部委、各直属机构：

互联网平台经济是生产力新的组织方式，是经济发展新动能，对优化资源配置、促进跨界融通发展和大众创业万众创新、推动产业升级、拓展消费市场尤其是增加就业，都有重要作用。要坚持以习近平新时代中国特色社会主义思想为指导，深入贯彻落实党的十九大和十九届二中、三中全会精神，持续深化“放管服”改革，围绕更大激发市场活力，聚焦平台经济发展面临的突出问题，遵循规律、顺势而为，加大政策引导、支持和保障力度，创新监管理念和方式，落实和完善包容审慎监管要求，推动建立健全适应平台经济发展特点的新型监管机制，着力营造公平竞争市场环境。为促进平台经济规范健康发展，经国务院同意，现提出以下意见。

一、优化完善市场准入条件，降低企业合规成本

（一）推进平台经济相关市场主体登记注册便利化。放宽住所（经营场所）登记条件，经营者通过电子商务类平台开展经营活动的，可以使用平台提供的网络经营场所申请个体工商户登记。指导督促地方开展“一照多址”改革探索，进一步简化平台企业分支机构设立手续。放宽新兴行业企业名称登记限制，允许使用反映新业态特征的字词作为企业名称。推进经营范围登记规范化，及时将反映新业态特征的经营范围表述纳入登记范围。（市场监管总局

负责）

（二）合理设置行业准入规定和许可。放宽融合性产品和服务准入限制，只要不违反法律法规，均应允许相关市场主体进入。清理和规范制约平台经济健康发展的行政许可、资质资格等事项，对仅提供信息中介和交易撮合服务的平台，除直接涉及人身健康、公共安全、社会稳定和国家政策另有规定的金融、新闻等领域外，原则上不要求比照平台内经营者办理相关业务许可。（各相关部门按职责分别负责）指导督促有关地方评估网约车、旅游民宿等领域的政策落实情况，优化完善准入条件、审批流程和服务，加快平台经济参与者合规化进程。（交通运输部、文化和旅游部等相关部门按职责分别负责）对仍处于发展初期、有利于促进新旧动能转换的新兴行业，要给予先行先试机会，审慎出台市场准入政策。（各地区、各部门负责）

（三）加快完善新业态标准体系。对部分缺乏标准的新兴行业，要及时制定出台相关产品和服务标准，为新产品新服务进入市场提供保障。对一些发展相对成熟的新业态，要鼓励龙头企业和行业协会主动制定企业标准，参与制定行业标准，提升产品质量和服务水平。（市场监管总局牵头，各相关部门按职责分别负责）

二、创新监管理念和方式，实行包容审慎监管

（一）探索适应新业态特点、有利于公平竞争的公正监管办法。本着鼓励创新的原则，分领域制定监管规则和标准，在严守安全底线的前提下为新业态发展留足空间。对看得准、已经形成较好发展势头的，分类量身定制适当的监管模式，避免用老办法管理新业态；对一时看不准的，设置一定的“观察期”，防止一上来就管死；对潜在风险大、可能造成严重不良后果的，严格监管；对非法经营的，坚决依法予以取缔。各有关部门要依法依规夯实监管责任，优化机构监管，强化行为监管，及时预警风险隐患，发现和纠正违法违规行为。（发展改革委、中央网信办、工业和信息化部、市场监管总局、公安部等相关部门及各地区按职责分别负责）

（二）科学合理界定平台责任。明确平台在经营者信息核验、产品和服务质量、平台（含 APP）索权、消费者权益保护、网络安全、数据安全、劳动者权益保护等方面的相应责任，强化政府部门监督执法职责，不得将本该由政府承担的监管责任转嫁给平台。尊重消费者选择权，确保跨平台互联互通和互

操作。允许平台在合规经营前提下探索不同经营模式，明确平台与平台内经营者的责任，加快研究出台平台尽职免责的具体办法，依法合理确定平台承担的责任。鼓励平台通过购买保险产品分散风险，更好保障各方权益。（各相关部门按职责分别负责）

（三）维护公平竞争市场秩序。制定出台网络交易监督管理有关规定，依法查处互联网领域滥用市场支配地位限制交易、不正当竞争等违法行为，严禁平台单边签订排他性服务提供合同，保障平台经济相关市场主体公平参与市场竞争。维护市场价格秩序，针对互联网领域价格违法行为特点制定监管措施，规范平台和平台内经营者价格标示、价格促销等行为，引导企业合法合规经营。（市场监管总局负责）

（四）建立健全协同监管机制。适应新业态跨行业、跨区域的特点，加强监管部门协同、区域协同和央地协同，充分发挥“互联网+”行动、网络市场监管、消费者权益保护、交通运输新业态协同监管等部际联席会议机制作用，提高监管效能。（发展改革委、市场监管总局、交通运输部等相关部门按职责分别负责）加大对跨区域网络案件查办协调力度，加强信息互换、执法互助，形成监管合力。鼓励行业协会商会等社会组织出台行业服务规范和自律公约，开展纠纷处理和信用评价，构建多元共治的监管格局。（各地区、各相关部门按职责分别负责）

（五）积极推进“互联网+监管”。依托国家“互联网+监管”等系统，推动监管平台与企业平台联通，加强交易、支付、物流、出行等第三方数据分析比对，开展信息监测、在线证据保全、在线识别、源头追溯，增强对行业风险和违法违规线索的发现识别能力，实现以网管网、线上线下一体化监管。（国务院办公厅、市场监管总局等相关部门按职责分别负责）根据平台信用等级和风险类型，实施差异化监管，对风险较低、信用较好的适当减少检查频次，对风险较高、信用较差的加大检查频次和力度。（各相关部门按职责分别负责）

三、鼓励发展平台经济新业态，加快培育新的增长点

（一）积极发展“互联网+服务业”。支持社会资本进入基于互联网的医疗健康、教育培训、养老家政、文化、旅游、体育等新兴服务领域，改造提升教育医疗等网络基础设施，扩大优质服务供给，满足群众多层次多样化需求。

鼓励平台进一步拓展服务范围，加强品牌建设，提升服务品质，发展便民服务新业态，延伸产业链和带动扩大就业。鼓励商品交易市场顺应平台经济发展新趋势、新要求，提升流通创新能力，促进产销更好衔接。（教育部、民政部、商务部、文化和旅游部、卫生健康委、体育总局、工业和信息化部等相关部门按职责分别负责）

（二）大力发展“互联网+生产”。适应产业升级需要，推动互联网平台与工业、农业生产深度融合，提升生产技术，提高创新服务能力，在实体经济中大力推广应用物联网、大数据，促进数字经济和数字产业发展，深入推进智能制造和服务型制造。深入推进工业互联网创新发展，加快跨行业、跨领域和企业级工业互联网平台建设及应用普及，实现各类生产设备与信息系统的广泛互联互通，推进制造资源、数据等集成共享，促进一二三产业、大中小企业融通发展。（工业和信息化部、农业农村部等相关部门按职责分别负责）

（三）深入推进“互联网+创业创新”。加快打造“双创”升级版，依托互联网平台完善全方位创业创新服务体系，实现线上线下良性互动、创业创新资源有机结合，鼓励平台开展创新任务众包，更多向中小企业开放共享资源，支撑中小企业开展技术、产品、管理模式、商业模式等创新，进一步提升创业创新效能。（发展改革委牵头，各相关部门按职责分别负责）

（四）加强网络支撑能力建设。深入实施“宽带中国”战略，加快5G等新一代信息基础设施建设，优化提升网络性能和速率，推进下一代互联网、广播电视网、物联网建设，进一步降低中小企业宽带平均资费水平，为平台经济发展提供有力支撑。（工业和信息化部、发展改革委等相关部门按职责分别负责）

四、优化平台经济发展环境，夯实新业态成长基础

（一）加强政府部门与平台数据共享。依托全国一体化在线政务服务平台、国家“互联网+监管”系统、国家数据共享交换平台、全国信用信息共享平台和国家企业信用信息公示系统，进一步归集市场主体基本信息和各类涉企许可信息，力争2019年上线运行全国一体化在线政务服务平台电子证照共享服务系统，为平台依法依规核验经营者、其他参与方的资质信息提供服务保障。（国务院办公厅、发展改革委、市场监管总局按职责分别负责）加强部门间数据共享，防止各级政府部门多头向平台索要数据。（发展改革委、中央网

信办、市场监管总局、国务院办公厅等相关部门按职责分别负责）畅通政企数据双向流通机制，制定发布政府数据开放清单，探索建立数据资源确权、流通、交易、应用开发规则和流程，加强数据隐私保护和安全管理。（发展改革委、中央网信办等相关部门及各地区按职责分别负责）

（二）推动完善社会信用体系。加大全国信用信息共享平台开放力度，依法将可公开的信用信息与相关企业共享，支持平台提升管理水平。利用平台数据补充完善现有信用体系信息，加强对平台内失信主体的约束和惩戒。（发展改革委、市场监管总局负责）完善新业态信用体系，在网约车、共享单车、汽车分时租赁等领域，建立健全身份认证、双向评价、信用管理等机制，规范平台经济参与者行为。（发展改革委、交通运输部等相关部门按职责分别负责）

（三）营造良好的政策环境。各地区各部门要充分听取平台经济参与者的诉求，有针对性地研究提出解决措施，为平台创新发展和吸纳就业提供有力保障。（各地区、各部门负责）2019 年底前建成全国统一的电子发票公共服务平台，提供免费的增值税电子普通发票开具服务，加快研究推进增值税专用发票电子化工作。（税务总局负责）尽快制定电子商务法实施中的有关信息公示、零星小额交易等配套规则。（商务部、市场监管总局、司法部按职责分别负责）鼓励银行业金融机构基于互联网和大数据等技术手段，创新发展适应平台经济相关企业融资需求的金融产品和服务，为平台经济发展提供支持。允许有实力有条件的互联网平台申请保险兼业代理资质。（银保监会等相关部门按职责分别负责）推动平台经济监管与服务的国际交流合作，加强政策沟通，为平台企业走出去创造良好外部条件。（商务部等相关部门按职责分别负责）

五、切实保护平台经济参与者合法权益，强化平台经济发展法治保障

（一）保护平台、平台内经营者和平台从业人员等权益。督促平台按照公开、公平、公正的原则，建立健全交易规则和服务协议，明确进入和退出平台、商品和服务质量安全保障、平台从业人员权益保护、消费者权益保护等规定。（商务部、市场监管总局牵头，各相关部门按职责分别负责）抓紧研究完善平台企业用工和灵活就业等从业人员社保政策，开展职业伤害保障试点，积极推进全民参保计划，引导更多平台从业人员参保。加强对平台从业人员的职

业技能培训，将其纳入职业技能提升行动。（人力资源社会保障部负责）强化知识产权保护意识。依法打击网络欺诈行为和以“打假”为名的敲诈勒索行为。（市场监管总局、知识产权局按职责分别负责）

（二）加强平台经济领域消费者权益保护。督促平台建立健全消费者投诉和举报机制，公开投诉举报电话，确保投诉举报电话有人接听，建立与市场监管部门投诉举报平台的信息共享机制，及时受理并处理投诉举报，鼓励行业组织依法依规建立消费者投诉和维权第三方平台。鼓励平台建立争议在线解决机制，制定并公示争议解决规则。依法严厉打击泄露和滥用用户信息等损害消费者权益行为。（市场监管总局等相关部门按职责分别负责）

（三）完善平台经济相关法律法规。及时推动修订不适应平台经济发展的相关法律法规与政策规定，加快破除制约平台经济发展的体制机制障碍。（司法部等相关部门按职责分别负责）

涉及金融领域的互联网平台，其金融业务的市场准入管理和事中事后监管，按照法律法规和有关规定执行。设立金融机构、从事金融活动、提供金融信息中介和交易撮合服务，必须依法接受准入管理。

各地区、各部门要充分认识促进平台经济规范健康发展的重要意义，按照职责分工抓好贯彻落实，压实工作责任，完善工作机制，密切协作配合，切实解决平台经济发展面临的突出问题，推动各项政策措施及时落地见效，重大情况及时报国务院。

国家发展改革委员会等部门有关负责人就《关于促进平台经济规范健康发展的指导意见》答记者问

国务院新闻办公室于2019年8月8日下午3时举行国务院政策例行吹风会，请国家发展改革委员会、工业和信息化部、交通运输部、商务部、市场监管总局有关负责人介绍《国务院办公厅关于促进平台经济规范健康发展的指导意见》（以下简称《意见》）有关情况，并答记者问。

寿小丽（国务院新闻办新闻局）：2019 年 8 月 1 日，国务院办公厅印发《意见》。为帮助大家更好地了解相关情况，今天我们非常高兴邀请到国家发展改革委创新和高技术发展司副司长孙伟先生，工业和信息化部信息通信管理局局长韩夏女士，交通运输部运输服务司负责人蔡团结先生，商务部电子商务和信息化司司长骞芳莉女士，国家市场监管总局网络交易监督管理司负责人韦犁先生，请他们为大家介绍相关情况，并回答大家的提问。下面我们先请孙伟先生作简要介绍。

孙伟：我首先介绍一下国家发改委在促进平台经济规范健康发展方面做的工作。平台经济是生产力新的组织方式，是经济发展新动能，是数字经济新范式，对建设现代化经济体系，促进高质量发展，具有重要意义。党中央、国务院高度重视发展以平台经济、共享经济为代表的数字经济。习近平总书记指出，要发展数字经济，加快推动数字产业化，依靠信息技术创新驱动，不断催生新产业新业态新模式，用新动能推动新发展。李克强总理强调，要壮大数字经济，坚持包容审慎监管，支持新业态新模式发展，促进平台经济、共享经济健康成长。

近年来，国家发改委认真贯彻落实党中央、国务院决策部署，统筹推动数字经济发展，培育发展平台经济、共享经济等新动能，重点开展了 5 方面工作。一是着力完善政策体系。会同有关部门加强数字经济顶层设计，围绕扩大数字经济就业、推进数字商务等出台了系列政策举措，着力构建完善的数字经济政策体系。二是着力推进数字产业化。统筹实施国家大数据战略，积极推进技术创新和产业发展。据统计，2018 年，全国数字产业规模达 6.4 万亿元，同比增长 14.2%。2019 年上半年，我国规模以上互联网企业收入同比增长 17.9%。三是着力推进产业数字化。实施“互联网 +”行动，推进互联网、大数据、人工智能和实体经济深度融合。深入推进网络扶贫，为国家级贫困县培育超过 2500 种特色产品。四是着力发展新模式新业态。促进平台经济、共享经济等新模式新业态向各领域渗透，创造新职业、新工种和新岗位。2018 年，互联网平台应用生态带动就业机会累计超过 6000 万个。2019 年上半年，全国实物商品网上零售额 38165 亿元，同比增长 21.6%，占社会消费品零售总额的比重接近 20%。五是着力推进数字丝绸之路建设合作。成功举办第二届

"一带一路"国际合作高峰论坛数字丝绸之路分论坛，数字丝绸之路成为"一带一路"合作新亮点。

下一步，国家发改委将会同有关部门，以习近平新时代中国特色社会主义思想为指导，认真贯彻落实党中央、国务院关于发展数字经济等决策部署，按照《意见》要求，进一步加强网络支撑能力建设，持续推动"互联网+"，促进数据要素流通共享，培育壮大平台经济新动能。

寿小丽：谢谢孙司长。下面请韩夏女士作简要介绍。

韩夏：党中央、国务院高度重视利用网络信息技术促进实体经济发展。互联网平台经济是经济发展新动能。2019年8月印发的《意见》，对规范和指导我国平台经济发展作出了具体部署。

借此机会，我向大家简要介绍工信部门在促进平台经济规范健康发展方面开展的主要工作。

一是深入实施工业互联网创新发展战略。不断完善政策体系，出台工业互联网实操性文件。持续推进网络、平台、安全三大体系建设。开展工业互联网创新发展工程。组织开展试点示范，遴选产业示范基地，加快工业互联网集成创新应用。指导工业互联网产业联盟做大做强，完善产业生态，推动大中小企业、第一、二、三产业融通发展。

二是加强网络支撑能力建设。加快信息网络基础设施建设，优化提升网络性能和速率。开展IPv6网络就绪专项行动。加快推进5G商用部署。持续推进提速降费，降低中小企业宽带平均资费水平。积极促进信息消费扩大内需。

三是做好信息通信行业监管工作。落实"放管服"要求，在信息通信领域不断推进简政放权，提升服务效能。完善信用管理。加强网络安全和数据保护。配合相关部门开展"网络市场监管"等专项行动，规范平台经营行为，净化网络环境。

下一步，工业和信息化部将会同有关部门，以习近平新时代中国特色社会主义思想为指导，认真贯彻党中央、国务院决策部署，按照《意见》要求，大力发展"互联网+生产"，深入推进工业互联网创新发展，加强网络支撑能力建设，持续深化"放管服"改革，坚持包容审慎监管，为促进平台经济规范健康发展营造良好环境。

寿小丽：谢谢韩局长，下面请蔡团结先生作介绍。

蔡团结：2019 年 8 月 1 日，国务院印发了《意见》，对促进包括网约车、共享单车、汽车分时租赁等交通运输新业态在内的平台经济规范发展作出了全面部署。指导意见中涉及交通运输的有关工作，包括优化完善网约车准入，加快合规化进程，健全多部门协同监管机制，健全网约车等领域信用体系建设等工作。我们在协同监管机制、网约车管理顶层设计，以及汽车分时租赁的监管制度设计以及相关标准规范建设方面，已经开展了有关工作。

下一步，交通运输部将以习近平新时代中国特色社会主义思想为指导，认真贯彻落实党中央、国务院的决策部署，指导各地细化工作举措，为交通运输新业态量身定制监管方式，优化营商环境，严守安全稳定底线，确保政策取得实效，全面提升人民群众对交通出行的获得感、安全感和幸福感。

寿小丽：谢谢蔡司长，下面请骞芳莉女士作介绍。

骞芳莉：我们认为《意见》的出台恰逢其时，意义重大。一是《意见》以国办名义印发，这充分体现了党中央、国务院对平台经济的高度重视。二是《意见》旨在促进平台经济的发展，这符合党中央“稳中求进”的总基调。三是《意见》为平台经济规范健康发展指明了方向，这符合人民的期待。

下面，结合商务部职责分工，我重点从平台经济的典型代表——电子商务入手，就《意见》的贯彻落实谈以下三点，概括起来就是立起来、落下去、走出去。

一要完善法规政策，把规则“立起来”。加强电商法的宣贯与培训，持续督促平台企业落实主体责任，建立健全交易规则和服务协议。会同相关部门研究出台电子商务信息公示等配套规则，建立电商企业诚信档案，保障各方的合法权益。完善跨境电商的政策体系，促进农村电商的发展。

二要培育消费新的增长点，将举措“落下去”。引导电商平台发挥优势，加强品牌建设，开展品牌品质消费“双品网购节”系列活动，同时会同有关部门推动家政养老、医疗健康、文化旅游等优质服务有效供给，提升服务品质。

三要推动国际合作，助企业“走出去”。大力发展“丝路电商”，加强政策沟通与企业对接，促进对外贸易和投资的增长。同步推进十余个自贸协定及 WTO、G20、金砖等多边和区域机制下的电商议题谈判磋商，进一步完善“走出去”公共服务平台建设，鼓励和支持有实力、信誉好的平台企业充分发挥生态体系的作用，开展务实合作，实现互利共赢。

商务部将按照国务院的要求，认真做好《意见》的贯彻落实，为平台经济规范健康发展营造良好的环境。

寿小丽：谢谢骞司长，下面请韦犁先生作介绍。

韦犁：按照国务院办公厅《意见》分工要求，市场监管总局的主要任务是规范网络市场主体行为，督促电子商务经营者特别是平台经营者履行法定责任和义务，维护网络交易市场秩序，坚决依法打击假冒侵权、不公平竞争等违法行为，切实维护网络消费者和经营者合法权益，协同促进互联网平台经济健康持续发展。

近年来，国家市场监管总局紧紧围绕党的十九大和十九届二中、三中全会精神，持续深化"放管服"改革，落实包容审慎的监管要求，不断提高互联网平台经济的监管能力和水平。按照党中央、国务院的部署，市场监管总局在推进市场主体登记注册便利化、完善互联网平台经济新业态的标准体系建设、加强消费者权益保护等方面做了大量的工作。我们也恳请新闻界的朋友们继续加强对市场监管部门各项工作的宣传和监督，共同促进互联网平台经济的健康发展，努力营造规范有序的互联网平台经济秩序，不断增强广大人民群众的获得感、幸福感和安全感。

寿小丽：谢谢韦司长。下面进入提问环节，提问前请通报一下所在的新闻机构。

中央广播电视总台央视记者：刚才介绍中提到要加强政府部门与平台数字共享等方面的内容，能否介绍在下一步促进数据共享方面开展的工作和下一步的计划?

孙伟：党中央、国务院高度重视大数据发展，发掘数据要素价值。习近平总书记多次作出重要指示，要求构建以数据为关键要素的数字经济，加快推进数据资源整合和开放共享，打破信息壁垒，构建全国信息资源共享体系。李克强总理多次批示要求大力推进国务院部门数据共享，尽快实现政务服务事项"一网通办"。

近年来，按照党中央、国务院决策部署，在中央网信办、国办等部门指导下，我们与各有关部门、地方一道，大力开展政务信息系统整合共享，推进"网络通、数据通、业务通"，充分发挥数据在便利群众和企业办事中的作用，助力"放管服"改革。

一是深化政府数据资源共享。我委牵头研究并报请国务院印发了两批部门数据共享责任清单，已将近 2000 项群众和企业办事常用数据列入清单。依托国家数据共享交换平台，各部门提供在线数据查询核验超过 4.2 亿次，支撑跨部门、跨地区数据共享交换量达 427 亿条次。

二是提升“互联网 + 政务服务”水平。深入推进政务数据资源利用，推动“互联网 + 政务服务”“一网一门一次”改革，开展群众办事百项堵点疏解行动，特别是在跨省医保结算、不动产登记、企业纳税等重点民生领域取得明显成效，为优化营商环境、增强民生服务保障、便利就业创业等提供有力支撑。

三是促进政企数据双向流通。为推动解决企业共享政府数据不及时、不通畅，政府多头向企业要数据问题，我委积极配合中央网信办建立政府共享企业数据制度，探索推动企业有关数据与国家数据共享交换平台的对接，畅通政企数据双向流通机制，降低互联网企业数据获取成本。

下一步，国家发改委将继续配合中央网信办、国办等部门，按照党中央、国务院决策部署，落实《意见》有关要求，加快发布第三批部门数据共享责任清单，持续扩展数据共享范围，深化政务数据共享共用。建立完善政府共享企业数据制度，促进政企间数据高效、有序流通，进一步激发数据活力。

中国日报记者：国家在互联网平台经济发展中一直倡导包容审慎的监管态度和理念，请问如何做到包容审慎的监管要求？

韦犁：互联网平台经济是近年来突飞猛进的一种发展模式，而且这种模式目前既处在传统时代，又处在互联网时代，互联网平台经济是以互联网技术带动的商业模式，新出现的这种模式前所未有，而且历史上没有出现过这么大规模的平台企业，而且很多互联网经济出现的问题，不但中国没有定论，全世界也没有定论，比如，数据的归属问题、个人信息的保护问题，这些并没有在法律和理论的层面上探索清楚。

所以对这些新的业态，一定要持审慎包容的态度，这一点上我们也是一边学习、一边研究，研究新业态的模式，新业态的特点。但是，包容审慎不等于不监管，比如对于出现假冒伪劣、侵犯知识产权、严重侵害消费者权益的，我们是依法从严打击。所以，包容审慎和依法监管结合起来，是贯彻党中央、国务院的要求和部署。总的来说，市场监管总局监管的目的和初心，就是为了让互联网平台经济健康有序发展。

光明日报记者：请问当前我国工业互联网发展的总体进展情况如何？下一

步还有哪些具体的工作要做?

韩夏: 党中央、国务院高度重视工业互联网发展。习近平总书记指出要深入实施工业互联网创新发展战略。中央经济工作会提出加强工业互联网等新型基础设施建设。今年《政府工作报告》也明确要求打造工业互联网平台。在党中央、国务院统一部署下，在各方共同努力下，我国工业互联网发展驶入了快车道。

一方面，网络、平台、安全三大体系全方位推进。网络支撑能力大幅提升。一批工业企业与信息通信企业积极探索利用5G等新一代信息技术改造企业的内网。标识解析体系取得积极进展，建成了北京、上海、广州、重庆、武汉等五大国家顶级节点，15个行业二级节点初步建立，标识注册量超过5600万。平台供给能力不断强化。具备行业、区域影响力的工业互联网平台超过50家，重点平台平均工业设备连接数近60万台、工业APP达1500个。安全保障体系也在同步构建。

另一方面，工业互联网在制造业各领域的融合应用向纵深推进。目前工业互联网已经在航空、石化、钢铁、家电、服装、机械等多个行业到了应用，网络协同制造、管理决策优化、大规模个性化定制、远程运维服务等新模式、新业态不断涌现，行业价值空间也在不断拓展，提质增效降本效果非常显著。

同时，多方协同联动的工业互联网产业生态加快构建。目前由工业企业、信息通信企业、高校科研院所以及其他行业企业共同组成的工业互联网产业联盟成员已超过1200家，相关技术、标准、研发、应用等方面产业合作不断增强，各类主体跨界融通日益深入。

下一步，我部将按照《意见》要求，进一步深入推进工业互联网创新发展战略，重点抓好四方面工作。一是继续完善政策体系，推进工业互联网创新发展工程，推进产业示范基地建设。二是进一步夯实网络基础，打造平台体系，提升安全能力。加快推进“5G+工业互联网”发展，壮大标识解析体系，遴选跨行业跨领域平台，打造工业互联网大数据中心，培育一批工业互联网解决方案。三是加快应用推广，推进工业互联网试点示范，引导更多企业加快工业互联网集成创新应用。四是加强政产学研用协同，推动跨界合作、产融结合、产教结合，推动大中小企业、一二三产业融通发展，打造互促共进、合作共赢的良好生态。

中央广播电视总台央广记者: 我们知道平台经济发展和社会信用体系建设

密不可分，前不久国务院办公厅印发了《关于加快推进社会信用体系建设构建以信用为基础的新型监管机制的指导意见》，请问在信用建设推动平台经济发展方面会采取哪些措施？

孙伟：全面深入推进社会信用体系建设，构建以信用为基础的新型监管机制，对于提升政府监管效能，规范市场秩序，促进平台经济规范健康发展具有重要意义。我们将按照《意见》的要求，进一步完善信用监管，为平台经济发展创造良好的信用环境。

一方面，着力做好对平台的信用监管。平台自身的信用对整个平台的信用生态至关重要。我们将会同有关部门对平台企业建立信用档案，特别是将滥用市场支配地位限制交易、单边签订排他性服务提供合同等不正当竞争违法行为记入信用记录，根据信用记录开展公共信用综合评价。以公共信用综合评价结果为依据，对平台企业实施差异化监管，对风险较低、信用较好的适当减少检查频次，对风险较高、信用较差的加大检查力度和频次，引导平台诚信依法经营。

另一方面，支持和引导平台加强内部信用建设。规范平台内经营者的行为，需要大力提升平台治理能力，充分发挥平台作用。我们将进一步加大全国信用信息共享平台的开放力度，依法将可公开信用信息与相关平台共享，为平台内部信用建设提供支撑保障。支持网约车、共享单车、汽车分时租赁等新生态平台在内部建立健全身份认证、双向评价、信用管理等机制，鼓励平台根据信用状况，对经营者实施差别化的管理和服务措施，为守法诚信的经营者提供更多的优惠便利，对违法失信的经营者进行坚决治理乃至清理出平台，引导平台经营者规范自身行为，维护消费者合法权益。

经济日报记者：骞司长，您刚才提到品牌消费，这应该是非常符合消费者的期待，请问商务部在这方面开展了哪些工作？下一步还有什么举措？

骞芳莉：作为平台经济的重要表现形式，电子商务在品牌培育方面有突出的优势。过去在传统的市场，我们培育一个全国性的知名品牌，需要十几年乃至几十年的时间，电子商务大大加快了这一进程，很多初创品牌、区域品牌从“藏在深山人未知”到“一举成名天下知”仅需要一两年的时间，还有一些网红产品通过直播平台等新媒体传播，一夜之间就被消费者熟知，这就是平台经济的魅力。

近几年，商务部通过培育电子商务示范企业，组织品牌品质商品网上促销活动，打造农产品“三品一标”认证等，加强品牌建设，提升服务品质。如刚才我提到的“双品”网购节，我们组织了十家主要电商平台，甄选国内外优质品牌，将高性价比的亲民商品推荐给了消费者，商品的好评率超过了97%。活动期间，带动全网实物商品网络零售额同比增长了28%，仅5月1日至10日这十天时间里，带动全网销售占到当月销售的40%以上。

下一步，我们将做好以下几个方面的工作：一是培育线上线下融合的数字商务企业，打造一批“小而美”的网络品牌，更好地满足消费者多样化的需求。同时，指导地方开展“双品”网上促销活动。二是进一步发挥进口博览会作用，拓展电商进口渠道，引进优质品牌，便利居民消费，促进国内产业在竞争中转型升级。三是继续资助贫困地区农产品“三品一标”的认证，着力打造农产品的品牌，提升附加值，畅通网上销售渠道，探索长效化扶贫机制。

中央广播电视总台国广记者：蔡司长，您刚才提到网约车、共享单车这类电子平台的建设，下一步怎么样更好地规范他们的发展，因为大家也很关心出行安全，包括押金管理。

蔡团结：正如您所说，交通运输新业态近几年发展迅速，每天网约车的订单量是2000万单，按照一辆车平均搭载1.5人来测算，相当于网约车一天要解决近3000万人的出行，为老百姓出行提供了多样化的选择，但在这个过程中也存在一些问题。新业态需要量身定制监管方式，不能按照传统的方式来管理。这次国办下发的指导意见，对促进交通运输新业态等平台经济的规范发展必将发挥重要的作用。

下一步，我们将按照党中央、国务院的决策部署，按照指导意见的要求，认真落实相关工作职责。首先，要量身定制交通运输新业态监管模式，坚持以人民为中心，坚持“乘客为本、鼓励创新、趋利避害、规范发展、包容审慎”的发展原则，结合平台经济“一点接入，全网运行”的特点，继续深化改革，量身定制监管模式，建立健全适应平台经济特点的监管制度，促进和规范交通运输新业态的健康发展。

第二，我们要进一步优化网约车准入条件，按照指导意见的要求，指导督促地方全面评估网约车政策的落实情况，指导各地强化服务意识，优化完善准入条件、审批流程和服务，打破“玻璃门”和“旋转门”，为平台经济营造良好的营商环境。我们要加快网约车合规化进程，落实平台公司的主体责任，严守行业安全稳定的底线。我们要营造新老业态融合发展、公平竞争的市场环境，统筹平衡新老业态的关系，寻求最大公约数。

第三，加强多部门协同监管，发挥交通运输新业态协同监管部际联席会议机制的作用，创新监管方式，探索实现数字监管、信用监管、协同监管、行业自律和社会监督相结合的综合监管体系，夯实监管责任，坚决打击非法营运，确保交通运输新业态协同监管工作取得实效，最终要保障老百姓出行的安全、便捷。

第四，我们要健全新业态的信用体系，会同发展改革委等部门，完善网约车、共享单车、汽车分时租赁等领域信用体系，因为信用监管对新业态的发展至关重要。要强化信用管理，推进信用记录的共享应用，通过信用体系规范平台经济经营者和参与者的行为，努力提升人民获得感幸福感安全感。

中央全面依法治国委员会

关于印发《关于加强综合治理从源头切实解决执行难问题的意见》的通知

（2019 年 7 月 14 日）

各省、自治区、直辖市党委全面依法治省（区、市）委员会，中央和国家机关有关部门，有关人民团体：

《关于加强综合治理从源头切实解决执行难问题的意见》已经中央依法治国委领导批准，现印发给你们，请结合实际抓好贯彻落实。

为深入贯彻落实党的十八届四中全会提出的“切实解决执行难”、“依法保障胜诉当事人及时实现权益”重大决策部署，进一步健全完善综合治理执行难工作大格局，确保切实解决执行难目标实现，现就加强执行难综合治理，深化执行联动机制建设，加强人民法院执行工作，提出如下意见。

一、深刻认识解决执行难工作的重要意义

人民法院执行工作是依靠国家强制力确保法律全面正确实施的重要手段，

是维护人民群众合法权益、实现社会公平正义的关键环节。做好执行工作、切实解决长期存在的执行难问题，事关全面依法治国基本方略实施，事关社会公平正义实现，具有十分重要的意义。党的十八大以来，以习近平同志为核心的党中央站在全局和战略的高度，将解决执行难确定为全面依法治国的重要内容，作出重大决策部署。三年来，在以习近平同志为核心的党中央坚强领导下，在各地各有关部门共同努力下，执行工作取得了显著成效。同时，一些制约执行工作长远发展的综合性、源头性问题依然存在，实现切实解决执行难的目标仍需加倍努力。

各地区各有关部门要坚持以习近平新时代中国特色社会主义思想为指导，增强“四个意识”、坚定“四个自信”、做到“两个维护”，充分认识加强执行工作、切实解决执行难的重大意义，加大工作力度，强化责任落实，形成强大工作合力，确保完成党中央提出的切实解决执行难的目标任务。

二、推进执行联动机制建设

（一）健全网络执行查控系统。加大信息化手段在执行工作中的应用，整合完善现有信息化系统，实现网络化查找被执行人和控制财产的执行工作机制。通过国家统一的电子政务网络实现人民法院执行查控网络与公安、民政、人力资源社会保障、自然资源、住房城乡建设、交通运输、农业农村、市场监管、金融监管等部门以及各金融机构、互联网企业等单位之间的网络连接，建成覆盖全国及土地、房产、证券、股权、车辆、存款、金融理财产品等主要财产形式的网络化、自动化执行查控体系，实现全国四级法院互联互通、全面应用。人民法院、人民检察院要加强沟通，密切协作，探索建立全国执行与监督信息法检共享平台。要确保网络执行查控系统的自身数据安全，信息调取、使用等要严格权限、程序、责任，防止公民、企业信息外泄。

（二）建立健全查找被执行人协作联动机制。人民法院与公安机关建立完善查找被执行人协作联动机制，协作查找被执行人下落、协作查扣被执行人车辆、限制被执行人出境，建立网络化查人、扣车、限制出境协作新机制。对人民法院决定拘留、逮捕或者人民检察院批准逮捕的被执行人以及协助执行人，公安机关应当依法及时收拘。对暴力抗拒执行的，公安机关应及时出警、及时处置。

（三）加快推进失信被执行人信息共享工作。通过国家“互联网+监管”

系统及全国信用信息共享平台，推进失信被执行人信息与公安、民政、人力资源社会保障、自然资源、住房城乡建设、交通运输、文化和旅游、财政、金融监管、税务、市场监管、科技等部门以及有关人民团体、社会组织、企事业单位实现公共信用信息资源共享。明确电信企业可以配合调取信息的范围，规范配合调取的程序。建立完善社会信用档案制度，将失信被执行人信息作为重要信用评价指标，纳入社会信用评价体系。

（四）完善失信被执行人联合惩戒机制。各有关部门尽快完成与国家“互联网＋监管”系统及全国信用信息共享平台联合惩戒系统的联通对接和信息共享，做好失信被执行人身份证、护照等所有法定有效证件全部关联捆绑制度，将人民法院发布的失信被执行人名单信息嵌入本单位“互联网＋监管”系统以及管理、审批工作系统中，实现对失信被执行人名单信息的自动比对、自动监督，自动采取拦截、惩戒措施，推动完善一处失信、处处受限的信用监督、警示和惩戒体系。建立执行联动工作考核机制，对失信被执行人信用监督、警示和惩戒机制落实情况开展专项检查，加大考核和问责力度。规范失信名单的使用，完善纠错、救济机制，依法保护失信被执行人的合法权益。

（五）强化对公职人员的信用监督。人民法院应及时将党员、公职人员拒不履行生效法律文书以及非法干预、妨害执行等情况，提供给组织人事部门等单位掌握，采取适当方式共同督促改正。对拒不履行生效法律文书、非法干预或妨碍执行的党员、公职人员，构成违纪违法的，分别按照《中国共产党纪律处分条例》和《中华人民共和国监察法》等有关规定处理。

（六）加大对拒不执行生效判决、裁定等违法犯罪行为打击力度。公、检、法等政法机关加强协调配合，统一立案标准，建立常态化打击拒执犯罪工作机制。对拒不执行生效判决、裁定以及其他妨碍执行的犯罪行为，公安机关应当依法及时立案侦查，检察机关应当依法及时批准逮捕和审查起诉，人民法院应当依法及时审理。公安机关不予立案、检察机关不予起诉的，应当出具法律文书，畅通当事人自诉渠道。逐步建立起以当事人刑事自诉为主的拒不执行判决、裁定罪的诉讼模式，加大对以虚假诉讼、虚假仲裁、虚假公证等方式转移财产、逃避执行违法犯罪行为的打击力度。

三、加强和改进人民法院执行工作

（一）推进执行信息化建设。完善执行查控系统建设，实现对被执行人不动产、车辆、证券、股权、存款及其他金融产品等主要财产形式的网络化、自动化查控。加强联合惩戒系统建设并与“互联网＋监管”系统联通对接，对失信被执行人实现网络化自动监督、自动惩戒。建立健全司法网络询价制度，利用云计算、大数据等现代信息技术手段进行网络询价，确定财产处置的参考价格。完善网络司法拍卖工作，实现司法拍卖模式迭代升级。完善四级法院一体化的执行案件办案平台，强化节点管控，实现案件管理的信息化、智能化。

（二）提升执行规范化水平。健全执行规范制度体系，加强执行领域司法解释工作，建立完善以操作规程为核心的执行行为规范体系。加大执行公开力度，全面推进阳光执行。规范无财产可供执行案件的结案程序，完善恢复执行程序。强化全国执行指挥系统建设，确保统一管理、统一指挥、统一协调的执行工作机制有效运行。树立依法执行、规范执行、公正执行、善意执行、文明执行理念，依法保护产权。依法严格区分个人财产和企业法人财产，严格区分非法所得和合法财产，最大限度降低对企业正常生产经营活动的不利影响。拓宽执行监管渠道，健全执行监督体系。

（三）加大强制执行力度。依法充分适用罚款、拘留、限制出境等强制执行措施，加大对抗拒执行、阻碍执行、暴力抗法行为的惩治力度。完善反规避执行工作机制，严厉打击拒执犯罪，切实增强执行威慑力。

（四）创新和拓展执行措施。人民法院可以根据当事人申请，要求被执行人或协助执行人就其重大资产处置和重要事项变更等向人民法院申报和备案。执行程序中，除查封、扣押、冻结、拍卖、变卖、以物抵债等传统执行手段外，探索直接交付、资产重组、委托经营等执行措施，加快推进委托审计调查、依公证方式取证、悬赏举报等制度。推进将涉诉政府债务纳入预算管理。区分执行权核心事务与辅助性事务，明确执行辅助事务外包的范围，建立辅助事务分流机制，探索将案款发送、送达，以及财产查控、司法拍卖中的执行辅助事务适度外包。

（五）完善执行工作机制。完善立审执协调配合、案件繁简分流、执行与破产有序衔接等工作机制。加强执行工作的系统管理，完善上下级法院执行工作管理模式，强化上级法院对下级法院执行工作的监督责任。建立健全法院内部组织人事、监察部门与执行业务部门协调配合工作机制。

四、强化执行难源头治理制度建设

（一）加快社会信用体系建设。建立覆盖全社会的信用交易、出资置产、缴费纳税、违法犯罪等方面信息的信用体系，完善失信联合惩戒机制，建立完善公共信用综合评价与披露制度，畅通市场主体获取信息渠道，引导市场主体防范交易风险，从源头上减少矛盾纠纷发生。

（二）完善市场退出工作制度机制。研究破产过程中的破产费用来源渠道，探索建立多渠道筹措机制。畅通执行案件进入司法破产重整、和解或清算程序的渠道，充分发挥企业破产制度功能，促进“僵尸企业”有序退出市场。

（三）完善司法救助制度。积极拓宽救助资金来源渠道，简化司法救助程序，加强司法救助与社会救助的衔接配合，切实做好执行过程中对困难群众的救助工作。

（四）完善责任保险体系。扩大责任保险覆盖范围，鼓励相关单位投保食品安全责任、环境责任、雇主责任等责任保险，发挥保险制度分担风险、分摊损失作用，充分保障大规模受害人合法权益。

（五）完善相关法律制度。健全完善民事法律制度，加快推进制定民事强制执行法，为民事执行提供有力法律保障。依法明确法定代表人和高级管理人员任职条件和对公司资产的监管责任，限制随意变更法定代表人和高级管理人员。依法强化公司账簿管理，建立健全公司交易全程留痕制度，防止随意抽逃公司资产。健全完善行政强制执行和刑罚财产刑执行相关法律法规。

五、全面加强组织保障和工作保障

（一）加强组织领导。各级党委要统筹各方资源，实行综合治理，推动建立党委领导、政法委协调、人大监督、政府支持、法院主办、部门联动、社会参与的综合治理执行难工作大格局，纳入工作督促检查范围，适时组织开展专项督查。

（二）健全执行工作部门协作联动机制。由党委政法委牵头健全执行工作部门协作联动机制，人民法院承担主体责任，公安、民政、人力资源社会保障、自然资源、住房城乡建设、交通运输、农业农村、市场监管、金融监管等部门各司其职、通力协作、齐抓共管，形成工作整体合力。检察机关要加强对民事、行政执行包括非诉执行活动的法律监督，推动依法执行、规范执行。纪检监察机关加强对党政机关及领导干部干扰执行工作的责任追究。对于帮助进行虚假诉讼、公证、仲裁等以转移财产、逃避执行的律师、公证员、仲裁员等法律服务人员，由行业协会和司法行政主管部门加大惩罚力度。各地区及相关部门要进一步加强执行机构建设，强化人、财、物保障。最高人民法院执行局作为执行工作部门协作联动机制日常联络机构，切实负起责任。对确定的各项任务措施，明确责任部门和时间表、路线图，确保2019年年底前落实到位。

（三）加强执行队伍建设。推动执行队伍正规化、专业化、职业化，努力建设一支信念坚定、执法为民、敢于担当、清正廉洁的执行队伍，为解决执行难提供有力组织保障。各地区各部门积极引入专业力量参与执行，建立健全仲裁、公证、律师、会计、审计等专业机构和人员深度参与执行的工作机制，形成解决执行难的社会合力。

（四）加强舆论宣传工作。综合运用传统媒体和新媒体，加强正面宣传，充分展现加强执行工作、切实解决执行难的决心和成效。有计划地宣传报道一批典型案件，彰显法治权威，形成全社会理解支持参与的浓厚氛围。完善落实“三同步”工作机制，加强舆论引导，做好法律政策宣讲、解疑释惑等工作，及时回应，有效引导。

中央依法治国办负责人就《关于加强综合治理从源头切实解决执行难问题的意见》答记者问

2019年7月14日，中央全面依法治国委员会印发了《关于加强综合治理从源头切实解决执行难问题的意见》（以下简称《意见》）。中央依法治国办负责人就《意见》的有关问题回答了记者的提问。

问：《意见》出台的背景和重要意义是什么？

答：党中央高度重视人民法院执行工作。党的十八大以来，以习近平同志为核心的党中央站在全局和战略的高度，将解决执行难确定为全面依法治国的重要内容，作出重大决策部署。2016年，最高人民法院提出“用两到三年时间基本解决执行难问题”。三年来，在以习近平同志为核心的党中央坚强领导下，在各地区各有关部门共同努力下，人民法院全力攻坚，执行工作取得显著成效，“基本解决执行难”这一阶段性目标如期实现。但与党中央提出的“切实解决执行难”目标和人民群众期待相比，还有差距，一些制约执行工作长远发展的综合性、源头性问题依然存在，实现“切实解决执行难”的目标仍需加倍努力。

制定出台本《意见》的主要目的，就是为了深入贯彻落实习近平总书记全面依法治国新理念新思想新战略，进一步促进各地区各有关部门重视、支持和保障执行工作，充分发挥综合治理、源头治理对执行工作的重要推动作用，确保完成党中央提出的“切实解决执行难”目标任务。

问：起草《意见》遵循了什么样的总体思路？

答：《意见》起草突出了四个方面的考虑：

一是再次重申解决执行难工作的重要意义。人民法院执行工作是依靠国家强制力确保法律全面正确实施的重要手段，是维护人民群众合法权益、实现社会公平正义的关键环节，对我国经济社会发展具有十分重要的意义。当前，一些地区和部门对执行工作的重视程度、支持力度、推进速度还有待加强。《意见》开宗明义，再次重申解决执行难工作的重要意义，目的是要求各地区各有关部门进一步重视、支持和保障人民法院执行工作。

二是充分发挥我国社会主义制度集中力量办大事的政治优势、制度优势。解决执行难是一项社会工程，依靠人民法院单打独斗是不可能实现的，需要各地区各有关部门通力协作、齐抓共管，构建综合治理执行难工作大格局，这是三年来执行工作取得显著成效的重要法宝，必须常抓不懈地坚持下去。

三是高度重视执行难的源头治理。执行难成因复杂，是各种社会问题和矛盾叠加、交织的集中体现，与社会诚信体系建设、市场主体抗风险能力及退出机制等因素密切相关。强化源头治理，既要加快社会信用体系建设，提高失信者的违法成本，也要通过完善市场主体有序退出，完善司法救助制度、责任保险体系及相关法律制度等方式，妥善解决无财产可供执行的“执行不能”案件，让人民群众在每一个司法案件中感受到公平正义。

四是继续夯实人民法院的主体责任。解决执行难是一项长期工程，人民法院要切实承担主体责任，勇于担当，久久为功，切实巩固“基本解决执行难”成果，健全完善执行工作长效机制，着力破解难题、补齐短板，不断提升执行工作的能力水平。

问：《意见》的总体框架和主要内容是什么？

答：《意见》分为五个部分，就加强综合治理、从源头切实解决执行难问题提出了20项具体要求。

《意见》第一部分明确了解决执行难的重要意义，肯定了三年来执行工作取得的显著成效，并强调各地区各有关部门要坚持以习近平新时代中国特色社会主义思想为指导，加大工作力度，强化责任落实，形成强大工作合力，确保完成党中央提出的“切实解决执行难”的目标任务。第二部分从健全网络执行查控系统、建立健全查找被执行人协作联动机制、加快推进失信被执行人信息共享工作、完善失信被执行人联合惩戒机制、强化对公职人员信用监督、加大对拒执罪等违法犯罪行为打击力度等六个方面加快推进执行联动机制建设。第三部分从推进执行信息化建设、提升执行规范化水平、加大强制执行力度、创新和拓展执行措施、完善执行工作机制等五个方面对加强和改进人民法院执行工作提出具体要求。第四部分提出要强化执行难源头治理制度建设，主要包括加快社会信用体系建设、完善市场退出工作制度机制、完善司法救助制度、完善责任保险体系、完善相关法律制度等五个方面。第五部分是全面加强组织领导和工作保障，主要对加强组织领导、健全执行工作部门协作联动机制、加强执行队伍建设、加强舆论宣传工作等四个方面的工作进行了部署。

问：为进一步健全完善综合治理执行难工作大格局，《意见》对各地区各有关部门提出了哪些工作要求？

答：为进一步健全完善执行联动机制建设，着力解决一些地区、一些领域仍然存在的“联而不动，动而乏力”问题，《意见》对各地区各有关部门提出了具体要求，主要包括：

各级党委要加强组织领导，统筹各方资源，深入推动综合治理执行难工作大格局，纳入工作督促检查范围，适时组织开展专项督查。由党委政法委牵头健全执行工作部门协作联动机制，把执行联动各项工作纳入各联动部门职责范围，明确任务，夯实责任，加强考核。人民法院要承担主体责任，主动作为，加强沟通。公安、民政、人力资源社会保障、自然资源、住房城乡建设、交通运输、农业农村、市场监管、金融监管等部门要各司其职、通力协作、齐抓共管，形成工作整体合力。最高人民法院执行局作为执行工作部门协作联动机制日常联络机构，切实负起责任。对确定的各项任务措施，明确责任部门和时间表、路线图，确保2019年年底前落实到位。纪检监察机关、检察机关、司法行政主管部门及行业协会，要结合自身工作职责，监督、支持、配合人民法院执行工作。解决执行难是一项长期而持久的任务，执行工作只能加强不能削弱，必须持续强化工作保障，为此，《意见》强调，各地区及有关部门要进一步加强执行机构建设，强化人、财、物保障。

下一步，中央全面依法治国委员会办公室将适时开展督查问责，确保《意见》在各地区各有关部门得到不折不扣落实。

问：《意见》对失信被执行人联合惩戒工作提出了哪些新的要求？

答：失信被执行人联合惩戒机制在推动解决执行难工作中发挥了不可替代的重要作用，需要进一步加强和完善。《意见》提出，各有关部门要尽快完成与国家“互联网 + 监管”系统及全国信用信息共享平台联合惩戒系统的联通对接和信息共享，将人民法院发布的失信被执行人名单信息嵌入本单位“互联网 + 监管”系统以及管理、审批工作系统中，实现自动比对、自动监督，自动采取拦截、惩戒措施。要建立执行联动考核机制，对失信被执行人信用监督、警示和惩戒机制落实情况，开展专项检查，加大考核和问责力度。另外，为加强和规范人民法院执行调查工作，深入查找失信被执行人下落，《意见》提出要明确电信企业可以配合调取信息的范围，规范配合调取的程序，为人民法院依法向电信企业调取失信被执行人数据提供了制度依据。《意见》还提出要强化对公职人员的信用监督，加大对党员、公职人员拒不履行生效法律文书以及非法干预、妨害执行等行为的责任追究力度。

《意见》在加强失信被执行人联合惩戒工作的同时，还着重强调要规范失信名单的使用，完善纠错、救济机制，依法保护失信被执行人的合法权益。

中共中央办公厅　国务院办公厅

关于加快推进公共法律服务体系建设的意见

（2019年7月10日）

公共法律服务是政府公共职能的重要组成部分，是保障和改善民生的重要举措，是全面依法治国的基础性、服务性和保障性工作。推进公共法律服务体系建设，对于更好满足广大人民群众日益增长的美好生活需要，提高国家治理体系和治理能力现代化水平具有重要意义。为加快推进公共法律服务体系建设，全面提升公共法律服务能力和水平，现提出如下意见。

一、总体要求

（一）指导思想。以习近平新时代中国特色社会主义思想为指导，深入贯彻落实党的十九大和十九届二中、三中全会精神，坚持以人民为中心的发展思想，按照统筹推进“五位一体”总体布局、协调推进“四个全面”战略布局要求，大力弘扬社会主义核心价值观，围绕更好满足人民群众对美好生活的向往和日益增长的法律服务需求，加快建设覆盖城乡、便捷高效、均等普惠的现代公共法律服务体系，切实增强人民群众的获得感、幸福感、安全感。

（二）基本原则。坚持党的领导，把党的领导贯穿到公共法律服务体系建设的全过程和各方面；坚持人民主体地位，使公共法律服务体系建设成果更多更公平惠及全体人民；坚持政府主导、社会参与，落实政府推进公共法律服务体系建设的主体责任，激发各类社会主体参与公共法律服务的积极性；坚持改革创新、统筹协调，创新公共法律服务内容、形式和供给模式，整合优化各类法律服务资源，促进资源共建共享。

（三）主要目标

到2022年，基本形成覆盖城乡、便捷高效、均等普惠的现代公共法律服务体系。公共法律服务体制机制不断完善，服务平台功能有效发挥，服务网络设施全面覆盖、互联互通，公共法律服务标准化规范化体系基本形成，城乡基本公共法律服务均等化持续推进，人民群众享有的基本公共法律服务质量和水平日益提升。

到2035年，基本形成与法治国家、法治政府、法治社会基本建成目标相适应的公共法律服务体系。公共法律服务网络全面覆盖、服务机制更加健全、服务供给优质高效、服务保障坚实有力，基本公共法律服务均衡发展基本实现，法律服务的群众满意度和社会公信力显著提升，人民群众共享公共法律服务成果基本实现。

二、推进基本公共法律服务均衡发展

（四）均衡配置城乡基本公共法律服务资源。降低法律援助门槛，扩大法律援助范围，加强公共法律服务实体平台、热线平台、网络平台等基础设施建设，改善服务条件。加强基层普法阵地、人民调解组织建设，健全服务网络。充分发挥司法所统筹矛盾纠纷化解、法治宣传、基层法律服务、法律咨询等功能，发挥律师、基层法律服务工作者的作用，健全村（居）法律顾问制度，加快推进村（居）法律顾问全覆盖。大力发展县域公证法律服务，组织公证人员采取巡回办证、网上办证、蹲点办证等多种形式，深入基层开展公证咨询和业务办理。

（五）加强欠发达地区公共法律服务建设。统筹利用中央财政转移支付资金等资金渠道，加强公共法律服务经费保障，并对欠发达地区特别是革命老区、民族地区、边疆地区、贫困地区予以倾斜。以公共法律服务平台建设、法律服务人才培养和村（居）法律顾问建设等为重点，集中实施一批法律服务扶贫项目，将其中属于政府职责范围且适宜通过市场化方式提供的服务事项纳入政府购买服务范围，引导社会力量参与提供。建立健全法律服务资源依法跨区域流动制度机制，支持欠发达地区律师事务所建设，鼓励律师事务所等法律服务机构到欠发达地区设立分支机构。鼓励发达地区法律服务机构通过对口援建、挂职锻炼、交流培训等形式支持欠发达地区法律服务机构发展。加强对欠发达地区引进法律服务专业人才和志愿者的政策扶持，持续推进“1+1”法律服务志愿者活动，支持利用互联网等方式开展远程法律服务。

（六）保障特殊群体的基本公共法律服务权益。将低收入群体、残疾人、农民工、老年人、青少年、单亲困难母亲等特殊群体和军人军属、退役军人及其他优抚对象作为公共法律服务的重点对象。进一步放宽经济困难标准，使法律援助覆盖人群逐步拓展至低收入群体。推进公共法律服务场所无障碍环境建设。引导律师、公证员、司法鉴定人、基层法律服务工作者自觉履行社会责任，积极参与公益性法律服务。积极开展面向青少年的法治宣传教育活动，建设多功能青少年法治教育基地。推动完善国家司法救助制度，明确特定案件当事人司法救助的条件、标准和范围。逐步完善公证机构、司法鉴定机构依法减免相关费用制度，加强法律援助工作与公证、司法鉴定工作的衔接。

三、促进公共法律服务多元化专业化

（七）积极为促进经济高质量发展提供法律服务。围绕国家重大发展战略，鼓励和支持律师广泛参与重大工程、重大项目全过程，出具法律意见，为营造法治化营商环境提供全方位法律服务。围绕加强供给侧结构性改革，通过组织法律服务团、开展专项法律服务活动等，积极为加快建设制造强国、发展现代服务业等提供综合性法律服务。围绕实施创新驱动发展战略，鼓励律师、公证员认真做好商标、专利、版权等知识产权法律服务工作。围绕防范化解重大风险，健全企业法律顾问、公司律师制度机制，加强法律风险评估，把律师专业意见作为特定市场经济活动的必备法律文书。围绕污染防治，开展环境公益诉讼代理，进一步规范环境损害司法鉴定管理，提高鉴定质量和公信力，充分发挥司法鉴定在生态环境损害赔偿磋商和环境行政执法、环境资源审判等方面的证据支持作用。

（八）积极为促进党政机关依法全面履行职能提供法律服务。进一步扩大党政机关法律顾问、公职律师工作覆盖面，提高党委和政府工作法治化水平。完善党政机关讨论、决定重大事项前听取法律顾问、公职律师法律意见的工作机制，细化明确相应工作规则和流程。建立完善党政机关法律顾问、公职律师参与法律法规规章、党内法规和规范性文件的起草论证工作机制和参与重大决策、重大执法决定合法性审查工作机制。健全政府法律顾问、公职律师选聘机制，优化法律顾问队伍组成。引导支持政府法律顾问、公职律师积极参与行政应诉、行政复议、行政裁决、调解、仲裁等法律事务。

（九）积极为促进司法公正和社会公平正义提供法律服务。推进法律援助参与以审判为中心的刑事诉讼制度改革，健全依申请法律援助工作机制和办案机关通知辩护工作机制，加强法律援助值班律师工作，推进法律援助参与认罪认罚从宽案件办理工作，依法保障刑事诉讼当事人合法权益。充分发挥律师在刑事诉讼中的重要作用，探索建立律师专属辩护制度，完善死刑复核案件指定辩护制度，推进刑事案件律师辩护全覆盖试点。对不服司法机关生效裁判、决定的申诉，逐步实行由律师代理制度，完善律师参与化解和代理涉法涉诉信访案件的工作机制。深入推进律师参与信访工作，引导群众理性表达诉求，依法维护权益。探索推进对再审案件实行由律师代理制度。充分发挥公证作为预防性司法证明制度的优势，推动公证参与调解、取证、送达、保全、执行等司法活动中的辅助性事务。完善对债权文书赋予强制执行效力的公证程序，强化与公证债权文书有关执行程序的衔接。健全统一司法鉴定管理体制，加强司法鉴定管理与司法办案工作的衔接，健全鉴定人负责制，统一司法鉴定标准，为案件事实认定提供技术支持。

加强公共法律服务案例库建设，建立典型案例发布机制。进一步健全矛盾纠纷预防化解制度机制，积极打造新时代人民调解工作升级版。完善人民调解、行政调解、司法调解联动工作体系，推动构建大调解工作格局。推进人民调解参与化解信访矛盾，探索采用和解、调解等方式化解矛盾纠纷，通过司法确认保障调解的法律效果。加强行业性专业性人民调解工作，完善律师调解和商事调解制度，发挥公证、调解、仲裁、行政裁决、行政复议、信访等非诉讼方式积极作用，促进社会公平正义。

（十）积极为国家重大经贸活动和全方位对外开放提供法律服务。进一步扩大对外公证合作领域。建立完善涉外鉴定事项报告制度，提高涉外鉴定质量。整合仲裁优势资源，打造国际知名仲裁机构，促进和支持仲裁机构参与国际商事争端解决。充分发挥司法协助渠道作用，切实加强国际执法司法合作。推动建立国际商事调解组织。建立健全法律查明机制，建立涵盖我国法律、行政法规、地方性法规和规章的统一数据库，通过建立国别法律信息数据库以及专家库等形式提供域外法律查明服务。加强与“一带一路”国家法律事务的交流与合作。完善涉外法律服务机构建设，推出国家和地方涉外法律服务机构示范单位（项目），培养一批在业务领域、服务能力方面具有较强国际竞争力的涉外法律服务机构。

四、创新公共法律服务管理体制和工作机制

（十一）建立统筹协调机制。健全党委领导、政府主导、部门协同、社会参与的公共法律服务管理体制和工作机制。加大统筹力度，由司法行政部门牵头，充分发挥人民法院、人民检察院、人力资源社会保障、发展改革、财政、民政、农业农村、信访等部门职能作用和资源优势，在规划编制、政策衔接、标准制定实施、服务运行、财政保障等方面加强整体设计、协调推进。健全公共法律服务与诉讼服务、社会服务等领域的工作对接机制，实现公共法律服务资源整合和互联互通。培育和壮大社会、市场等各类公共法律服务提供主体，增强公众参与意识。鼓励和支持社会力量通过投资或捐助设施设备、资助项目、赞助活动、提供产品和服务等方式参与公共法律服务体系建设。鼓励支持各类社会组织在法治宣传、权益维护、矛盾纠纷化解等公共法律服务领域更好发挥作用。

（十二）健全管理机制。加强对公共法律服务体系建设的统一管理，明确公职律师、公司律师法律地位，完善法律顾问管理制度，加强对行业专业调解的统筹指导，提升服务综合效能。加强公共法律服务管理部门对法律服务秩序的监管，充分发挥法律服务行业协会的作用，完善行政管理与行业自律管理相结合的管理体制机制，明确各类法律服务机构资质认定、设施建设、人员配备、业务规范、工作流程等具体标准，统一场所标识、指引和功能设置，推进公共法律服务标准化规范化。

（十三）推进公共法律服务平台建设。依托法律援助组织、乡镇（街道）司法所等现有资源，推进公共法律服务实体平台建设。推进“12348”热线平台省级统筹，建立一体化呼叫中心系统。推进“互联网 + 公共法律服务”，构建集“12348”电话热线、网站、微信、移动客户端为一体的中国法律服务网，提供覆盖全业务、全时空的高品质公共法律服务。加快推进中国法律服务网同业务系统对接，实现“一网通办”、资源共享。坚持平台建设和运行管理并重，健全平台运行管理和服务标准体系。

（十四）建立健全评价机制。构建公共法律服务评价指标体系，研究制定以业务规范指标、服务效果指标和社会评价指标为主要内容，以基础设施、人员配备、业务开展等方面量化考评指标及奖惩标准为重点的科学指标体系。建立健全律师行业专业水平评价体系和评定机制，促进律师专业化分工。加强司

法鉴定人员能力考核。建立公共法律服务质量评价制度，探索引入第三方评估机制。开展群众满意度测评，以群众满意度来检验公共法律服务工作成效。

五、加大保障力度

（十五）推进制度建设。完善公共法律服务相关法律法规规章和规范性文件。研究制定国家法治宣传教育法，推动制定法律援助法、司法鉴定法，修改律师法、公证法、仲裁法等法律法规，完善政府购买公共法律服务制度。加强公共法律服务立法与法律服务相关改革政策的衔接，加快制定地方性公共法律服务法律规范。

（十六）加强队伍建设。大力推进公共法律服务队伍革命化、正规化、专业化、职业化建设。全面加强党的建设工作，不断扩大党的组织覆盖和工作覆盖，注重引导法律服务人员中的党员带头参与公共法律服务。加大教育培训力度，研究制定教育培训规划。完善职业道德规范制度体系，促进法律服务行风建设和诚信体系建设。优化公共法律服务队伍结构，稳步增加律师、公证员、法律援助人员、仲裁员数量，加快发展政府法律顾问队伍，适应需要发展司法鉴定人队伍，积极发展专职人民调解员队伍，增加有专业背景的人民调解员数量，规范发展基层法律服务工作者队伍。培养壮大擅长办理维护特殊群体合法权益及化解相关社会矛盾的专业公益法律服务机构和公益律师队伍。发展壮大涉外法律服务队伍，加快培养涉外律师领军人才，建立涉外律师人才库。鼓励、引导社会力量参与公共法律服务，实现公共法律服务提供主体多元化。

（十七）强化经费保障。将法律援助经费纳入同级财政预算，做好公共法律服务体系建设各项经费保障。将基本公共法律服务事项纳入政府购买服务指导性目录。建立公益性法律服务激励保障机制，对积极参与公共法律服务的机构和人员，按照国家有关规定进行表彰奖励，并提供必要支持。统筹研究律师行业税收政策和会计处理规定。不断拓宽公共法律服务资金筹集渠道，鼓励通过慈善捐赠、依法设立公益基金会等方式，引导社会资金投向公共法律服务领域。加大对欠发达地区财政支持力度，逐步缩小地区差距，有序推进公共法律服务协调发展。

（十八）加强科技保障。推动公共法律服务与科技创新手段深度融合，着力打造“智慧法律服务”。大力发展公共法律服务科技创新支撑技术，重点突破法律援助创新、律师执业保障与执业监管、电子公证、社会矛盾纠纷排查与预警、法律援助智能保障等关键技术。研发深度学习、智能交互技术，推广应用智能法律服务技术，以精准公共法律服务支撑技术与装备研究为突破，通过人群精准分类，动态评估不同人群的法律需求。研制关键系统和新型装备，研发面向亿级用户、处理海量数据的高效公共法律服务平台。

六、切实加强组织领导

（十九）强化责任担当。各有关部门和单位要根据本意见要求，抓紧制定完善相关配套政策，明确责任、统筹建设、协同推进、狠抓落实。各级党委和政府要将公共法律服务体系建设摆上重要议事日程，纳入本地区国民经济和社会发展总体规划，纳入经济社会发展综合考核体系，列入为民办实事项目。要制定切合实际的政策措施，明确责任和时间表、路线图，集中力量推进工作落实。

（二十）加强督查指导。各级公共法律服务管理部门和各法律服务行业协会要履行职责，加强工作指导，组织和引导法律服务人员积极参与公共法律服务体系建设。要定期对公共法律服务体系建设进展、成效及保障情况进行督促检查和考核评估，有关检查和考核评估结果作为本地区有关党政领导干部综合考核评价的参考。

（二十一）注重宣传引导。综合运用报刊、广播、电视、网络等媒体，宣传公共法律服务体系建设的重要意义，推广好做法好经验，宣介先进典型和创新举措。结合主题活动和创建活动，开展多种形式的宣传，营造良好社会氛围。进一步深化和拓展理论研究，为探索建立完备的公共法律服务体系提供坚实理论支撑。

司法部有关负责人就《关于加快推进公共法律服务体系建设的意见》答记者问

2019年7月，中共中央办公厅、国务院办公厅印发了《关于加快推进公共法律服务体系建设的意见》（以下简称《意见》）。司法部有关负责人就《意见》的有关情况回答了记者提问。

问：请介绍一下《意见》出台的背景。

答：公共法律服务是政府公共职能的重要组成部分，是保障和改善民生的重要举措，是全面依法治国的基础性、服务性和保障性工作。推进公共法律服务体系建设，对于更好满足广大人民群众日益增长的美好生活需要，提高国家治理体系和治理能力现代化水平具有重要意义。

党的十八大以来，以习近平同志为核心的党中央高度重视公共法律服务体系建设。党的十八届四中全会提出要建设完备的法律服务体系、推进覆盖城乡居民的公共法律服务体系建设。党的十九大站在新时代新的历史方位上，及时回应人民群众美好生活需要，作出完善公共服务体系、加快推进基本公共服务均等化的决策部署。习近平总书记在2019年中央政法工作会议上强调，要深化公共法律服务体系建设，加快整合律师、公证、司法鉴定、仲裁、司法所、人民调解等法律服务资源，尽快建成覆盖全业务、全时空的法律服务网络。近年来，我国公共法律服务建设投入稳步增长，覆盖城乡的公共法律服务网络初步建立，公共法律服务供给能力和水平不断提高，公共法律服务体系建设取得积极成效。《关于加快推进公共法律服务体系建设的意见》的出台，是坚持以习近平新时代中国特色社会主义思想为指导，贯彻落实党的十九大和十九届二中、三中全会精神的重大举措，对于更好满足人民群众多层次、多领域、多样化、高品质法律服务需求具有重要意义。

问：起草《意见》遵循什么样的总体思路？

答：在研究起草意见过程中，突出了四个方面的考虑：

一是以习近平新时代中国特色社会主义思想为指导，深入贯彻落实党的十九大和十九届二中、三中全会精神，坚持以人民为中心的发展思想，围绕更好满足人民群众对美好生活的向往和日益增长的法律服务需求安排部署，将加快推进公共法律服务体系建设纳入全面深化改革大局、全面推进依法治国中统筹谋划。

二是回应人民群众期待和工作实践需要。着眼于解决当前公共法律服务体系建设中存在的重点和难点问题，提出针对性、实效性强的具体举措。同时，吸纳和体现近年来司法行政系统加快推进公共法律服务体系建设的先进经验和典型做法，进一步凝聚共识。

三是满足人民群众的多元化多样化法律服务需求。既考虑到公共法律服务不平衡、不充分问题，阐述了推进基本公共法律服务均衡发展的多项举措。又从不同领域的多样化法律服务需求出发，提出推进公共法律服务多元化专业化的改革任务，让改革发展成果更多更公平惠及全体人民。

四是创新管理体制和工作机制。着眼于新时代推进公共法律服务建设实际，创新公共法律服务管理体制和工作机制，加大统筹和保障力度，由司法行政机关牵头，充分发挥人民法院、人民检察院、人力资源社会保障、发展改革、财政、民政、农业农村等部门职能作用和资源优势，加强对公共法律服务体系建设的整体设计、协调推进和统一管理。

问：《意见》的主要目标是什么？

答：《意见》提出，到2022年，基本形成覆盖城乡、便捷高效、均等普惠的现代公共法律服务体系。公共法律服务体制机制不断完善，服务平台功能有效发挥，服务网络设施全面覆盖、互联互通，公共法律服务标准化规范化体系基本形成，城乡基本公共法律服务均等化持续推进，人民群众享有的基本公共法律服务质量和水平日益提升。

到2035年，基本形成与法治国家、法治政府、法治社会基本建成目标相适应的公共法律服务体系。公共法律服务网络全面覆盖、服务机制更加健全、服务供给优质高效、服务保障坚实有力，基本公共法律服务均衡发展基本实现，法律服务的群众满意度和社会公信力显著提升，人民群众共享公共法律服务成果基本实现。

问：《意见》确定的主要改革任务有哪些？

答：《意见》从四个方面提出了重点任务和具体要求：一是推进基本公共法律服务均衡发展，均衡配置城乡基本公共法律服务资源，加强欠发达地区公共法律服务建设，保障特殊群体的基本公共法律服务权益。二是促进公共法律服务多元化专业化，积极为促进经济高质量发展、促进党政机关依法全面履行职能、促进司法公正和社会公平正义、国家重大经贸活动和全方位对外开放提供法律服务。三是创新公共法律服务管理体制和工作机制，建立统筹协调机制，健全管理机制，推进公共法律服务平台建设，建立健全评价机制。四是加大保障力度，推进制度建设，加强队伍建设，强化经费保障，加强科技保障。

问：如何确保意见贯彻落实到位？

答：《意见》提出，各级党委和政府要将公共法律服务体系建设摆上重要议事日程，纳入本地区国民经济和社会发展总体规划，纳入经济社会发展综合考核体系，列入为民办实事项目。各级公共法律服务管理部门和各法律服务行业协会要履行职责，加强工作指导，组织和引导法律服务人员积极参与公共法律服务体系建设。要定期对公共法律服务体系建设进展、成效及保障情况进行督促检查和考核评估。要综合运用报刊、广播、电视、网络等媒体，宣传公共法律服务体系建设的重要意义，推广好做法好经验，宣介先进典型和创新举措，开展多种形式的宣传，营造良好社会氛围。

国务院
关于修改《烈士褒扬条例》的决定

2019 年 8 月 1 日　　　　国务院令第 718 号

国务院决定对《烈士褒扬条例》作如下修改：

一、将第三十八条改为第十条，修改为：“军队评定的烈士，由中央军事委员会政治工作部送国务院退役军人事务部门备案。”

二、增加一条，作为第十一条："按照本条例规定评定为烈士的，由国务院退役军人事务部门负责将烈士名单呈报党和国家功勋荣誉表彰工作委员会。"

三、增加一条，作为第十二条："烈士证书以党和国家功勋荣誉表彰工作委员会办公室名义制发。"

四、将第十条改为第十三条，修改为："县级以上人民政府每年在烈士纪念日举行颁授仪式，向烈士遗属颁授烈士证书。"

五、将第十一条改为第十四条，并将第二款中的"颁发烈士证书的县级人民政府退役军人事务部门"修改为"领取烈士证书的烈士遗属户口所在地县级人民政府退役军人事务部门"。

本决定自公布之日起施行。

《烈士褒扬条例》根据本决定作相应修改并对条文序号作相应调整，重新公布。

烈士褒扬条例

（2011年7月26日中华人民共和国国务院令第601号公布
根据2019年3月2日《国务院关于修改部分行政法规的决定》
第一次修订　根据2019年8月1日《国务院关于修改
〈烈士褒扬条例〉的决定》第二次修订）

第一章　总　　则

第一条　为了弘扬烈士精神，抚恤优待烈士遗属，制定本条例。

第二条　公民在保卫祖国和社会主义建设事业中牺牲被评定为烈士的，依照本条例的规定予以褒扬。烈士的遗属，依照本条例的规定享受抚恤优待。

第三条　国家对烈士遗属给予的抚恤优待应当随经济社会的发展逐步提高，保障烈士遗属的生活不低于当地居民的平均生活水平。

全社会应当支持烈士褒扬工作，优待帮扶烈士遗属。

国家鼓励公民、法人和其他组织为烈士褒扬和烈士遗属抚恤优待提供捐助。

第四条 烈士褒扬和烈士遗属抚恤优待经费列入财政预算。

烈士褒扬和烈士遗属抚恤优待经费应当专款专用，接受财政部门、审计机关的监督。

第五条 县级以上人民政府应当加强对烈士纪念设施的保护和管理，为纪念烈士提供良好的场所。

各级人民政府应当把宣传烈士事迹作为社会主义精神文明建设的重要内容，培养公民的爱国主义、集体主义精神和社会主义道德风尚。机关、团体、企业事业单位应当采取多种形式纪念烈士，学习、宣传烈士事迹。

第六条 国务院退役军人事务部门负责全国的烈士褒扬工作。县级以上地方人民政府退役军人事务部门负责本行政区域的烈士褒扬工作。

第七条 对在烈士褒扬工作中做出显著成绩的单位和个人，按照国家有关规定给予表彰、奖励。

第二章　烈士的评定

第八条 公民牺牲符合下列情形之一的，评定为烈士：

（一）在依法查处违法犯罪行为、执行国家安全工作任务、执行反恐怖任务和处置突发事件中牺牲的；

（二）抢险救灾或者其他为了抢救、保护国家财产、集体财产、公民生命财产牺牲的；

（三）在执行外交任务或者国家派遣的对外援助、维持国际和平任务中牺牲的；

（四）在执行武器装备科研试验任务中牺牲的；

（五）其他牺牲情节特别突出，堪为楷模的。

现役军人牺牲，预备役人员、民兵、民工以及其他人员因参战、参加军事演习和军事训练、执行军事勤务牺牲应当评定烈士的，依照《军人抚恤优待条例》的有关规定评定。

第九条 申报烈士的，由死者生前所在工作单位、死者遗属或者事件发生地的组织、公民向死者生前工作单位所在地、死者遗属户口所在地或者事件发生地的县级人民政府退役军人事务部门提供有关死者牺牲情节的材料，由收到材料的县级人民政府退役军人事务部门调查核实后提出评定烈士的报告，报本级人民政府审核。

属于本条例第八条第一款第一项、第二项规定情形的，由县级人民政府提出评定烈士的报告并逐级上报至省、自治区、直辖市人民政府审查评定。评定为烈士的，由省、自治区、直辖市人民政府送国务院退役军人事务部门备案。

属于本条例第八条第一款第三项、第四项规定情形的，由国务院有关部门提出评定烈士的报告，送国务院退役军人事务部门审查评定。

属于本条例第八条第一款第五项规定情形的，由县级人民政府提出评定烈士的报告并逐级上报至省、自治区、直辖市人民政府，由省、自治区、直辖市人民政府审查后送国务院退役军人事务部门审查评定。

第十条 军队评定的烈士，由中央军事委员会政治工作部送国务院退役军人事务部门备案。

第十一条 按照本条例规定评定为烈士的，由国务院退役军人事务部门负责将烈士名单呈报党和国家功勋荣誉表彰工作委员会。

第十二条 烈士证书以党和国家功勋荣誉表彰工作委员会办公室名义制发。

第十三条 县级以上人民政府每年在烈士纪念日举行颁授仪式，向烈士遗属颁授烈士证书。

第三章 烈士褒扬金和烈士遗属的抚恤优待

第十四条 国家建立烈士褒扬金制度。烈士褒扬金标准为烈士牺牲时上一年度全国城镇居民人均可支配收入的30倍。战时，参战牺牲的烈士褒扬金标准可以适当提高。

烈士褒扬金由领取烈士证书的烈士遗属户口所在地县级人民政府退役军人事务部门发给烈士的父母或者抚养人、配偶、子女；没有父母或者抚养人、配偶、子女的，发给烈士未满18周岁的兄弟姐妹和已满18周岁但无生活来源且由烈士生前供养的兄弟姐妹。

第十五条 烈士遗属除享受本条例第十四条规定的烈士褒扬金外，属于《军人抚恤优待条例》以及相关规定适用范围的，还享受因公牺牲一次性抚恤金；属于《工伤保险条例》以及相关规定适用范围的，还享受一次性工亡补助金以及相当于烈士本人40个月工资的烈士遗属特别补助金。

不属于前款规定范围的烈士遗属，由县级人民政府退役军人事务部门发给一次性抚恤金，标准为烈士牺牲时上一年度全国城镇居民人均可支配收入的20倍加40个月的中国人民解放军排职少尉军官工资。

第十六条 符合下列条件之一的烈士遗属，享受定期抚恤金：

（一）烈士的父母或者抚养人、配偶无劳动能力、无生活来源，或者收入水平低于当地居民的平均生活水平的；

（二）烈士的子女未满18周岁，或者已满18周岁但因残疾或者正在上学而无生活来源的；

（三）由烈士生前供养的兄弟姐妹未满18周岁，或者已满18周岁但因正在上学而无生活来源的。

符合前款规定条件享受定期抚恤金的烈士遗属，由其户口所在地的县级人民政府退役军人事务部门发给定期抚恤金领取证，凭证领取定期抚恤金。

第十七条 烈士生前的配偶再婚后继续赡养烈士父母，继续抚养烈士未满18周岁或者已满18周岁但无劳动能力、无生活来源且由烈士生前供养的兄弟姐妹的，由其户口所在地的县级人民政府退役军人事务部门参照烈士遗属定期抚恤金的标准给予补助。

第十八条 定期抚恤金标准参照全国城乡居民家庭人均收入水平确定。定期抚恤金的标准及其调整办法，由国务院退役军人事务部门会同国务院财政部门规定。

烈士遗属享受定期抚恤金后仍达不到当地居民的平均生活水平的，由县级人民政府予以补助。

第十九条 享受定期抚恤金的烈士遗属户口迁移的，应当同时办理定期抚恤金转移手续。户口迁出地的县级人民政府退役军人事务部门发放当年的定期抚恤金；户口迁入地的县级人民政府退役军人事务部门凭定期抚恤金转移证明，从第二年1月起发放定期抚恤金。

第二十条 烈士遗属不再符合本条例规定的享受定期抚恤金条件的，应当注销其定期抚恤金领取证，停发定期抚恤金。

享受定期抚恤金的烈士遗属死亡的，增发6个月其原享受的定期抚恤金作为丧葬补助费，同时注销其定期抚恤金领取证，停发定期抚恤金。

第二十一条 烈士遗属享受相应的医疗优惠待遇，具体办法由省、自治区、直辖市人民政府规定。

第二十二条 烈士的子女、兄弟姐妹本人自愿，且符合征兵条件的，在同等条件下优先批准其服现役。烈士的子女符合公务员考录条件的，在同等条件下优先录用为公务员。

烈士子女接受学前教育和义务教育的，应当按照国家有关规定予以优待；在公办幼儿园接受学前教育的，免交保教费。烈士子女报考普通高中、中等职业学校、高等学校研究生的，在同等条件下优先录取；报考高等学校本、专科的，可以按照国家有关规定降低分数要求投档；在公办学校就读的，免交学费、杂费，并享受国家规定的各项助学政策。

烈士遗属符合就业条件的，由当地人民政府人力资源社会保障部门优先提供就业服务。烈士遗属已经就业，用人单位经济性裁员时，应当优先留用。烈士遗属从事个体经营的，市场监督管理、税务等部门应当优先办理证照，烈士遗属在经营期间享受国家和当地人民政府规定的优惠政策。

第二十三条 符合住房保障条件的烈士遗属承租廉租住房、购买经济适用住房的，县级以上地方人民政府有关部门应当给予优先、优惠照顾。家住农村的烈士遗属住房有困难的，由当地人民政府帮助解决。

第二十四条 男年满60周岁、女年满55周岁的孤老烈士遗属本人自愿的，可以在光荣院、敬老院集中供养。

各类社会福利机构应当优先接收烈士遗属。

第二十五条 烈士遗属因犯罪被判处有期徒刑、剥夺政治权利或者被司法机关通缉期间，中止其享受的抚恤和优待；被判处死刑、无期徒刑的，取消其烈士遗属抚恤和优待资格。

第四章　烈士纪念设施的保护和管理

第二十六条 按照国家有关规定修建的烈士陵园、纪念堂馆、纪念碑亭、纪念塔祠、纪念塑像、烈士骨灰堂、烈士墓等烈士纪念设施，受法律保护。

第二十七条 国家对烈士纪念设施实行分级保护。分级的具体标准由国务院退役军人事务部门规定。

国家级烈士纪念设施，由国务院退役军人事务部门报国务院批准后公布。地方各级烈士纪念设施，由县级以上地方人民政府退役军人事务部门报本级人民政府批准后公布，并报上一级人民政府退役军人事务部门备案。

各级人民政府应当确定烈士纪念设施保护单位，并划定烈士纪念设施保护范围。

第二十八条 烈士纪念设施应当免费向社会开放。

烈士纪念设施保护单位应当健全管理工作规范，维护纪念烈士活动的秩序，提高管理和服务水平。

第二十九条 各级人民政府应当组织收集、整理烈士史料，编纂烈士英名录。

烈士纪念设施保护单位应当搜集、整理、保管、陈列烈士遗物和事迹史料。属于文物的，依照有关法律、法规的规定予以保护。

第三十条 县级以上人民政府有关部门应当做好烈士纪念设施的保护和管理工作。未经批准，不得新建、改建、扩建或者迁移烈士纪念设施。

第三十一条 任何单位或者个人不得侵占烈士纪念设施保护范围内的土地和设施。禁止在烈士纪念设施保护范围内进行其他工程建设。

任何单位或者个人不得在烈士纪念设施保护范围内为烈士以外的其他人修建纪念设施或者安放骨灰、埋葬遗体。

第三十二条 在烈士纪念设施保护范围内不得从事与纪念烈士无关的活动。禁止以任何方式破坏、污损烈士纪念设施。

第三十三条 烈士在烈士陵园安葬。未在烈士陵园安葬的，县级以上人民政府征得烈士遗属同意，可以迁移到烈士陵园安葬，或者予以集中安葬。

第三十四条 烈士陵园所在地人民政府退役军人事务部门对前来烈士陵园祭扫的烈士遗属，应当做好接待服务工作；对自行前来祭扫经济上确有困难的，给予适当补助。

烈士遗属户口所在地人民政府退役军人事务部门组织烈士遗属前往烈士陵园祭扫的，应当妥善安排，确保安全。

第五章 法律责任

第三十五条 行政机关公务员在烈士褒扬和抚恤优待工作中有下列情形之一的，依法给予处分；构成犯罪的，依法追究刑事责任：

（一）违反本条例规定评定烈士或者审批抚恤优待的；

（二）未按照规定的标准、数额、对象审批或者发放烈士褒扬金或者抚恤金的；

（三）利用职务便利谋取私利的。

第三十六条 行政机关公务员、烈士纪念设施保护单位工作人员贪污、挪用烈士褒扬经费的，由上级人民政府退役军人事务部门责令退回、追回，依法给予处分；构成犯罪的，依法追究刑事责任。

第三十七条 未经批准迁移烈士纪念设施，非法侵占烈士纪念设施保护范围内的土地、设施，破坏、污损烈士纪念设施，或者在烈士纪念设施保护范围内为烈士以外的其他人修建纪念设施、安放骨灰、埋葬遗体的，由烈士纪念设施保护单位的上级主管部门责令改正，恢复原状、原貌；造成损失的，依法承担赔偿责任；构成犯罪的，依法追究刑事责任。

第三十八条 负有烈士遗属优待义务的单位不履行优待义务的，由县级人民政府退役军人事务部门责令限期改正；逾期不改正的，处2000元以上1万元以下的罚款；属于国有或者国有控股企业、财政拨款的事业单位的，对直接负责的主管人员和其他直接责任人员依法给予处分。

第三十九条 冒领烈士褒扬金、抚恤金，出具假证明或者伪造证件、印章骗取烈士褒扬金或者抚恤金的，由退役军人事务部门责令退回非法所得；构成犯罪的，依法追究刑事责任。

第六章　附　　则

第四十条 本条例所称战时，是指国家宣布进入战争状态、部队受领作战任务或者遭敌突然袭击时。

第四十一条 烈士证书、烈士通知书由国务院退役军人事务部门印制。

第四十二条 位于境外的中国烈士纪念设施的保护，由国务院退役军人事务部门会同外交部等有关部门办理。

第四十三条 本条例自2011年8月1日起施行。1980年6月4日国务院发布的《革命烈士褒扬条例》同时废止。

[司法解释、司法指导性文件与解读]

最高人民法院

关于健全完善人民法院审判委员会工作机制的意见

2019年8月2日　　法发〔2019〕20号

为贯彻落实中央关于深化司法体制综合配套改革的总体部署，健全完善人民法院审判委员会工作机制，进一步全面落实司法责任制，根据人民法院组织法、刑事诉讼法、民事诉讼法、行政诉讼法等法律及司法解释规定，结合人民法院工作实际，制定本意见。

一、基本原则

1. 坚持党的领导。坚持以习近平新时代中国特色社会主义思想为指导，增强“四个意识”、坚定“四个自信”、做到“两个维护”，坚持党对人民法院工作的绝对领导，坚定不移走中国特色社会主义法治道路，健全公正高效权威的社会主义司法制度。

2. 实行民主集中制。坚持充分发扬民主和正确实行集中有机结合，健全完善审判委员会议事程序和议事规则，确保审判委员会委员客观、公正、独立、平等发表意见，防止和克服议而不决、决而不行，切实发挥民主集中制优势。

3. 遵循司法规律。优化审判委员会人员组成，科学定位审判委员会职能，健全审判委员会运行机制，全面落实司法责任制，推动建立权责清晰、权责统一、运行高效、监督有力的工作机制。

4. 恪守司法公正。认真总结审判委员会制度改革经验，不断完善工作机制，坚持以事实为根据、以法律为准绳，坚持严格公正司法，坚持程序公正和实体公正相统一，充分发挥审判委员会职能作用，努力让人民群众在每一个司法案件中感受到公平正义。

二、组织构成

5. 各级人民法院设审判委员会。审判委员会由院长、副院长和若干资深法官组成，成员应当为单数。

审判委员会可以设专职委员。

6. 审判委员会会议分为全体会议和专业委员会会议。

专业委员会会议是审判委员会的一种会议形式和工作方式。中级以上人民法院根据审判工作需要，可以召开刑事审判、民事行政审判等专业委员会会议。

专业委员会会议组成人员应当根据审判委员会委员的专业和工作分工确定。审判委员会委员可以参加不同的专业委员会会议。专业委员会会议全体组成人员应当超过审判委员会全体委员的二分之一。

三、职能定位

7. 审判委员会的主要职能是：

（1）总结审判工作经验；

（2）讨论决定重大、疑难、复杂案件的法律适用；

（3）讨论决定本院已经发生法律效力的判决、裁定、调解书是否应当再审；

（4）讨论决定其他有关审判工作的重大问题。

最高人民法院审判委员会通过制定司法解释、规范性文件及发布指导性案例等方式，统一法律适用。

8. 各级人民法院审理的下列案件，应当提交审判委员会讨论决定：

（1）涉及国家安全、外交、社会稳定等敏感案件和重大、疑难、复杂案件；

（2）本院已经发生法律效力的判决、裁定、调解书等确有错误需要再审的案件；

（3）同级人民检察院依照审判监督程序提出抗诉的刑事案件；

（4）法律适用规则不明的新类型案件；

（5）拟宣告被告人无罪的案件；

（6）拟在法定刑以下判处刑罚或者免予刑事处罚的案件；

高级人民法院、中级人民法院拟判处死刑的案件，应当提交本院审判委员会讨论决定。

9. 各级人民法院审理的下列案件，可以提交审判委员会讨论决定：

（1）合议庭对法律适用问题意见分歧较大，经专业（主审）法官会议讨论难以作出决定的案件；

（2）拟作出的裁判与本院或者上级法院的类案裁判可能发生冲突的案件；

（3）同级人民检察院依照审判监督程序提出抗诉的重大、疑难、复杂民事案件及行政案件；

（4）指令再审或者发回重审的案件；

（5）其他需要提交审判委员会讨论决定的案件。

四、运行机制

10. 合议庭或者独任法官认为案件需要提交审判委员会讨论决定的，由其提出申请，层报院长批准；未提出申请，院长认为有必要的，可以提请审判委员会讨论决定。

其他事项提交审判委员会讨论决定的，参照案件提交程序执行。

11. 拟提请审判委员会讨论决定的案件，应当有专业（主审）法官会议研究讨论的意见。

专业（主审）法官会议意见与合议庭或者独任法官意见不一致的，院长、副院长、庭长可以按照审判监督管理权限要求合议庭或者独任法官复议；经复议仍未采纳专业（主审）法官会议意见的，应当按程序报请审判委员会讨论决定。

12. 提交审判委员会讨论的案件，合议庭应当形成书面报告。书面报告应当客观全面反映案件事实、证据、当事人或者控辩双方的意见，列明需要审判委员会讨论决定的法律适用问题、专业（主审）法官会议意见、类案与关联案件检索情况，有合议庭拟处理意见和理由。有分歧意见的，应归纳不同的意见和理由。

其他事项提交审判委员会讨论之前，承办部门应在认真调研并征求相关部门意见的基础上提出办理意见。

13. 对提交审判委员会讨论决定的案件或者事项，审判委员会工作部门可以先行审查是否属于审判委员会讨论范围并提出意见，报请院长决定。

14. 提交审判委员会讨论决定的案件，审判委员会委员有应当回避情形的，应当自行回避并报院长决定；院长的回避，由审判委员会决定。

审判委员会委员的回避情形，适用有关法律关于审判人员回避情形的规定。

15. 审判委员会委员应当提前审阅会议材料，必要时可以调阅相关案卷、文件及庭审音频视频资料。

16. 审判委员会召开全体会议和专业委员会会议，应当有其组成人员的过半数出席。

17. 审判委员会全体会议及专业委员会会议应当由院长或者院长委托的副院长主持。

18. 下列人员应当列席审判委员会会议：

（1）承办案件的合议庭成员、独任法官或者事项承办人；

（2）承办案件、事项的审判庭或者部门负责人；

（3）其他有必要列席的人员。

审判委员会召开会议，必要时可以邀请人大代表、政协委员、专家学者等列席。

经主持人同意，列席人员可以提供说明或者表达意见，但不参与表决。

19. 审判委员会举行会议时，同级人民检察院检察长或者其委托的副检察长可以列席。

20. 审判委员会讨论决定案件和事项，一般按照以下程序进行：

（1）合议庭、承办人汇报；

（2）委员就有关问题进行询问；

（3）委员按照法官等级和资历由低到高顺序发表意见，主持人最后发表意见；

（4）主持人作会议总结，会议作出决议。

21. 审判委员会全体会议和专业委员会会议讨论案件或者事项，一般按照各自全体组成人员过半数的多数意见作出决定，少数委员的意见应当记录在卷。

经专业委员会会议讨论的案件或者事项，无法形成决议或者院长认为有必要的，可以提交全体会议讨论决定。

经审判委员会全体会议和专业委员会会议讨论的案件或者事项，院长认为有必要的，可以提请复议。

22. 审判委员会讨论案件或者事项的决定，合议庭、独任法官或者相关部门应当执行。审判委员会工作部门发现案件处理结果与审判委员会决定不符的，应当及时向院长报告。

23. 审判委员会会议纪要或者决定由院长审定后，发送审判委员会委员、相关审判庭或者部门。

同级人民检察院检察长或者副检察长列席审判委员会的，会议纪要或者决定抄送同级人民检察院检察委员会办事机构。

24. 审判委员会讨论案件的决定及其理由应当在裁判文书中公开，法律规定不公开的除外。

25. 经审判委员会讨论决定的案件，合议庭、独任法官应及时审结，并将判决书、裁定书、调解书等送审判委员会工作部门备案。

26. 各级人民法院应当建立审判委员会会议全程录音录像制度，按照保密要求进行管理。审判委员会议题的提交、审核、讨论、决定等纳入审判流程管理系统，实行全程留痕。

27. 各级人民法院审判委员会工作部门负责处理审判委员会日常事务性工作，根据审判委员会授权，督促检查审判委员会决定执行情况，落实审判委员会交办的其他事项。

五、保障监督

28. 审判委员会委员依法履职行为受法律保护。

29. 领导干部和司法机关内部人员违法干预、过问、插手审判委员会委员讨论决定案件的，应当予以记录、通报，并依纪依法追究相应责任。

30. 审判委员会委员因依法履职遭受诬告陷害或者侮辱诽谤的，人民法院应当会同有关部门及时采取有效措施，澄清事实真相，消除不良影响，并依法追究相关单位或者个人的责任。

31. 审判委员会讨论案件，合议庭、独任法官对其汇报的事实负责，审判委员会委员对其本人发表的意见和表决负责。

32. 审判委员会委员有贪污受贿、徇私舞弊、枉法裁判等严重违纪违法行为的，依纪依法严肃追究责任。

33. 各级人民法院应当将审判委员会委员出席会议情况纳入考核体系，并以适当形式在法院内部公示。

34. 审判委员会委员、列席人员及其他与会人员应严格遵守保密工作纪律，不得泄露履职过程中知悉的审判工作秘密。因泄密造成严重后果的，严肃追究纪律责任和法律责任。

六、附则

35. 本意见关于审判委员会委员的审判责任范围、认定及追究程序，依据《最高人民法院关于完善人民法院司法责任制的若干意见》及法官惩戒相关规定等执行。

36. 各级人民法院可以根据本意见，结合本院审判工作实际，制定工作细则。

37. 本意见自2019年8月2日起施行。最高人民法院以前发布的规范性文件与本意见不一致的，以本意见为准。

健全完善审判委员会工作机制 推动司法责任制全面落实

——最高人民法院审管办负责人就《关于健全完善人民法院审判委员会工作机制的意见》答记者问

为贯彻落实中央关于深化司法体制综合配套改革的战略部署，进一步全面落实司法责任制，2019年8月，最高人民法院印发了《关于健全完善人民法院审判委员会工作机制的意见》（以下简称《审判委员会意见》）。为此，最高人民法院审管办负责人就《审判委员会意见》的制定背景、起草思路、主要内容等问题作出解答。

问：请您介绍一下《审判委员会意见》的制定背景和起草思路？

答：审判委员会制度是中国特色社会主义司法制度的重要组成部分，是本轮司法体制综合配套改革的重要内容。党的十八届三中全会明确提出，“改革审判委员会制度，完善主审法官、合议庭办案责任制，让审理者裁判、由裁判者负责”。党的十九大报告进一步提出，“深化司法体制综合配套改革，全面落实司法责任制，努力让人民群众在每一个司法案件中感受到公平正义”。人民法院“四五改革纲要”“五五改革纲要”对审判委员会制度改革的具体方向、目标任务等均作出较为具体的规定。2018 年 10 月 26 日，第十三届全国人大常委会第六次会议审议通过人民法院组织法（修订草案），对审判委员会制度进行了较大修改，巩固了审判委员会制度改革经验。为贯彻落实中央关于深化司法体制改革的重大战略部署及新修订的人民法院组织法，我们在认真调研论证和充分征求意见的基础上研究制定了《审判委员会意见》，进一步健全完善相关工作机制，充分发挥审判委员会的职能作用。

在起草思路上，我们主要把握以下几点：一是坚定正确政治方向。坚持党对人民法院工作的绝对领导，实行民主集中制，坚持中国特色社会主义司法制度，坚定不移走中国特色社会主义法治道路。二是遵循司法规律。认真贯彻落实中央关于深化司法体制改革的精神，优化审判委员会人员组成，科学定位审判委员会职能，健全审判委员会运行机制，理顺合议庭与审判委员会的关系，全面落实司法责任制。三是恪守司法公正。坚持以事实为根据、以法律为准绳，坚持程序公正和实体公正相统一，充分发挥审判委员会职能作用，努力让人民群众在每一个司法案件中感受到公平正义。四是认真贯彻落实新修订的人民法院组织法。在起草过程中，及时关注人民法院组织法的修改，确保《审判委员会意见》与人民法院组织法的最新修订精神相一致，确保符合司法体制改革的整体方向。

问：《审判委员会意见》对审判委员会的人员组成和会议形式是怎么规定的，如何正确认识和理解审判委员会专业委员会会议？

答：长期以来，各级人民法院审判委员会委员一般由院领导、一些审判业务庭的庭长担任，呈现一定的行政化色彩。为切实加强审判委员会的专业化建设，进一步提升议事质效，《审判委员会意见》增加了审判委员会组成人员的规定，明确将资深法官列为审判委员会组成人员，确保政治素质高、法学理论功底深厚、审判经验丰富、不担任领导职务的资深法官能够担任审判委员会委员。关于审判委员会的会议形式，《审判委员会意见》严格贯彻落实新修订的人民法院组织法，将审判委员会会议分为全体会议和专业委员会会议。

近年来，为充分发挥审判委员会的职能作用，最高人民法院和部分高中级人民法院在司法改革实践中探索设立了刑事审判、民事行政审判专业委员会，取得了比较显著的效果。新修订的人民法院组织法充分肯定了人民法院的实践探索，首次以立法形式明确了审判委员会专业委员会会议的法律地位。《审判委员会意见》明确：首先，专业委员会会议是审判委员会的一种会议形式，是人民法院根据审判工作实际探索出的行之有效的工作方式，是审判委员会根据专业分工履行职责的一种工作机制。中级以上人民法院根据审判工作需要，可以召开刑事审判、民事行政审判等专业委员会会议。其次，专业委员会会议组成人员均是审判委员会委员，具体组成应当根据审判委员会委员的专业和工作分工确定。同时，为了确保专业委员会会议的议事质量，《审判委员会意见》规定专业委员会会议全体组成人员应当超过审判委员会全体委员的二分之一。最后，审判委员会全体会议与专业委员会会议讨论案件的决定，合议庭均应当执行。

问：人民法院“五五改革纲要”提出，要强化审判委员会总结审判经验、统一法律适用、研究讨论审判工作重大事项的宏观指导职能。请问，《审判委员会意见》是如何科学界定审判委员会职能的？

答：审判委员会是各级人民法院最高审判组织，长期以来在总结审判经验、促进司法公正、统一法律适用等方面发挥了十分重要的作用。《审判委员会意见》根据新修订的人民法院组织法的有关规定，认真贯彻落实司法改革精神，突出各级人民法院审判委员会总结审判工作经验的职能作用，明确审判委员会讨论决定重大、疑难、复杂案件的法律适用的职能，在事实认定和法律适用上进一步厘清合议庭和审判委员会的关系，增加审判委员会讨论决定本院已经发生法律效力的判决、裁定、调解书是否应当再审及其他有关审判工作的重大问题等职能。同时，明确规定最高人民法院审判委员会通过制定司法解释、规范性文件及发布指导性案例等方式，统一全国法院法律适用。

问：《审判委员会意见》对审判委员会讨论案件的范围是如何规定的？

答：根据新修订的人民法院组织法和“人民法院第五个五年改革纲要”，《审判委员会意见》明确了应当提交和可以提交审判委员会讨论决定的案件范围。关于应当提交审判委员会讨论决定的案件，按照中央司法体制改革精神，《审判委员会意见》将涉及国家安全、外交、社会稳定等敏感案件和重大、疑难、复杂案件纳入应当提交审判委员会讨论决定的范围；根据刑事诉讼法、民事诉讼法、行政诉讼法等法律及司法解释规定，《审判委员会意见》将本院已经发生法律效力的判决、裁定、调解书等确有错误需要再审的案件，同级人民检察院依照审判监督程序提出抗诉的刑事案件，高级人民法院、中级人民法院拟判处死刑的案件纳入应当提交审判委员会讨论决定的范围；其中，高级人民法院、中级人民法院拟判处死刑的案件，既包括拟判处死刑立即执行的案件，也包括拟判处死刑缓期二年执行的案件。同时，根据司法实践需要，《审判委员会意见》将法律适用规则不明的新类型案件、拟宣告被告人无罪的案件、拟在法定刑以下判处刑罚或者免予刑事处罚的案件也纳入应当提交审判委员会讨论决定的范围。关于"可以提交"审判委员会讨论决定的案件范围，《审判委员会意见》亦进行了规范，规定下列案件可以提交审判委员会讨论决定：（1）合议庭对法律适用问题意见分歧较大，经专业（主审）法官会议讨论难以作出决定的案件；（2）拟作出的裁判与本院或者上级法院的类案裁判可能发生冲突的案件；（3）同级人民检察院依照审判监督程序提出抗诉的重大、疑难、复杂民事案件及行政案件；（4）指令再审或者发回重审的案件；（5）其他需要提交审判委员会讨论决定的案件。

另外，为有效控制审判委员会讨论案件范围，确保审判委员会更好履行总结审判经验、统一法律适用、研究讨论审判工作重大事项等宏观指导职能，不断提升审判委员会讨论案件质效，《审判委员会意见》规定拟提请审判委员会讨论决定的案件，应当有专业（主审）法官会议研究讨论的意见，以此作为审判委员会讨论案件的前置过滤机制。

问：司法责任制改革全面推开后，我们了解到，少数地方法院由于没有正确处理放权和监督的关系，出现了监督管理弱化的现象。请问，在强化监督管理方面，《审判委员会意见》有哪些举措？

答：2018 年召开的全面深化司法体制改革推进会及全国法院审判执行工作会明确提出："坚持有序放权与有效监督相统一，加快构建新型审判监督机制，切实发挥审判委员会对重大敏感和疑难复杂案件的把关作用，确保法律统一正确实施。"为认真贯彻上述会议精神，《审判委员会意见》明确规定：一是类案及关联案件检索机制。《最高人民法院司法责任制实施意见（试行）》确立该项机制以来，全国不少法院要求承办法官在审理案件时，依托办案平台、档案系统、中国裁判文书网、法信、智审等，对已经审结或正在审理的类案与关联案件进行全面检索并制作检索报告，为合议庭、主审法官会议、审判委员会研究讨论案件提供必要支持，取得明显效果。为加强审判监督管理，统一类案裁判尺度和标准，《审判委员会意见》进一步明确案件提交审判委员会讨论之前，合议庭应当形成书面报告，列明类案与关联案件检索情况。二是审判委员会讨论决定案件的启动机制。为加强院长、庭长对案件的监督管理，实现有序放权与有效监督相结合，《审判委员会意见》规定，合议庭或者独任法官认为案件需要提交审判委员会讨论决定的，由其提出申请，层报院长批准；未提出申请，院长认为有必要的，可以提请审判委员会讨论决定。三是备案管理机制。为避免承办人拖延执行审判委员会决定的问题，《审判委员会意见》要求合议庭、独任法官及时落实审判委员会对案件的讨论决定，并将判决书、裁定书、调解书等送审判委员会工作部门备案，如发现案件处理结果与审判委员会决定不符的，由审判委员会工作部门及时向院长报告。

问：科学的议事程序和议事规则是确保审判委员会公正高效运作的重要制度保障。请问《审判委员会意见》对审判委员会的议事程序和议事规则是如何规定的？

答：为坚持民主集中制原则，确保审判委员会公正高效运行，《审判委员会意见》在总结以往经验的基础上，规范了审判委员会的议事程序和议事规则。关于议事程序，《审判委员会意见》明确审判委员会一般遵循合议庭、承办人汇报——委员就有关问题进行询问——委员发表意见——主持人作会议总结、会议作出决议的议事程序。同时，《审判委员会意见》完善了讨论决定案件时委员的发言顺序，即按照法官等级和资历由低到高的顺序发表意见，主持人最后发表意见，确保委员客观、公正、独立、平等发表意见。关于议事规则，《审判委员会意见》明确审判委员会全体会议和专业委员会会议讨论案件或者事项，一般按照各自全体组成人员（而非出席会议人员）过半数的多数意见作出决定，同时少数委员的意见要记录在卷，充分体现了议事的民主性，旨在发挥审判委员会的集体智慧，确保司法公正。此外，《审判委员会意见》规定了两种特殊情形，一是经专业委员会会议讨论的案件或者事项，无法形成决议或者院长认为有必要的，可以提交全体会议讨论决定，二是经审判委员会全体会议和专业委员会会议讨论的案件或者事项，院长认为有必要的，可以提请复议，这里既明确了专委会与审委会全体会议之间的关系，也充分体现出民主基础上的集中。

问：最高人民法院近年来坚持以公开为原则，不公开为例外，持续推进司法公开工作，赢得社会各界和人民群众的广泛赞誉。请问《审判委员会意见》是如何体现公开原则的？

答：党的十八届四中全会提出，要构建开放、动态、透明、便民的阳光司法机制，强化诉讼过程中当事人和其他诉讼参与人知情权的制度保障。根据中央文件要求和司法改革的精神，《审判委员会意见》确立了审判委员会的公开机制。一是审判委员会的决定及理由公开，《审判委员会意见》重申新修订的人民法院组织法第三十九条第三款的规定，明确除法律规定不予公开的情形之外，审判委员会讨论案件的决定及其理由应当在裁判文书中公开。二是按照周强院长关于“不断深化司法公开，进一步增强审判委员会工作的透明度，更好地倾听民意、汇聚民智”的指示精神，《审判委员会意见》建立了邀请人大代表、政协委员、专家学者等列席审判委员会的工作机制，以拉近司法与民众的距离，争取社会各界对人民法院工作支持。

问：“让审理者裁判，由裁判者负责”是本轮司法体制改革的重要目标，请问《审判委员会意见》在此方面有何体现？

答：根据中央司法体制改革精神和有关部署，《审判委员会意见》理清了合议庭与审判委员会的关系，明确规定审判委员会讨论案件，合议庭、独任法官对其汇报的案件事实负责，审判委员会委员对其本人发表的意见和表决负责，具体审判责任范围、认定及追究程序，依据《最高人民法院关于完善人民法院司法责任制的若干意见》及法官惩戒相关规定等执行。同时规定，审判委员会委员有贪污受贿、徇私舞弊、枉法裁判等严重违纪违法行为的，依纪依法严肃追究责任。

最高人民法院

关于死刑复核及执行程序中保障当事人合法权益的若干规定

法释〔2019〕12号

（2019年4月29日最高人民法院审判委员会第1767次会议通过
2019年8月8日最高人民法院公告公布
自2019年9月1日起施行）

为规范死刑复核及执行程序，依法保障当事人合法权益，根据《中华人民共和国刑事诉讼法》和有关法律规定，结合司法实际，制定本规定。

第一条 高级人民法院在向被告人送达依法作出的死刑裁判文书时，应当告知其在最高人民法院复核死刑阶段有权委托辩护律师，并将告知情况记入宣判笔录；被告人提出由其近亲属代为委托辩护律师的，除因客观原因无法通知的以外，高级人民法院应当及时通知其近亲属，并将通知情况记录在案。

第二条 最高人民法院复核死刑案件，辩护律师应当自接受委托或者受指派之日起十日内向最高人民法院提交有关手续，并自接受委托或者指派之日起一个半月内提交辩护意见。

第三条 辩护律师提交相关手续、辩护意见及证据等材料的，可以经高级人民法院代收并随案移送，也可以寄送至最高人民法院。

第四条 最高人民法院复核裁定作出后，律师提交辩护意见及证据材料的，应当接收并出具接收清单；经审查，相关意见及证据材料可能影响死刑复核结果的，应当暂停交付执行或者停止执行，但不再办理接收委托辩护手续。

第五条 最高人民法院复核裁定下发后，受委托进行宣判的人民法院应当在宣判后五日内将裁判文书送达辩护律师。

对被害人死亡的案件，被害人近亲属申请获取裁判文书的，受委托进行宣判的人民法院应当提供。

第六条 第一审人民法院在执行死刑前，应当告知罪犯可以申请会见其近亲属。

罪犯申请会见并提供具体联系方式的，人民法院应当通知其近亲属。对经查找确实无法与罪犯近亲属取得联系的，或者其近亲属拒绝会见的，应当告知罪犯。罪犯提出通过录音录像等方式留下遗言的，人民法院可以准许。

通知会见的相关情况，应当记录在案。

第七条 罪犯近亲属申请会见的，人民法院应当准许，并在执行死刑前及时安排，但罪犯拒绝会见的除外。

罪犯拒绝会见的情况，应当记录在案并及时告知其近亲属，必要时应当进行录音录像。

第八条 罪犯提出会见近亲属以外的亲友，经人民法院审查，确有正当理由的，可以在确保会见安全的情况下予以准许。

第九条 罪犯申请会见未成年子女的，应当经未成年子女的监护人同意；会见可能影响未成年人身心健康的，人民法院可以采取视频通话等适当方式安排会见，且监护人应当在场。

第十条 会见由人民法院负责安排，一般在罪犯羁押场所进行。

第十一条 会见罪犯的人员应当遵守羁押场所的规定。违反规定的，应当予以警告；不听警告的，人民法院可以终止会见。

实施威胁、侮辱司法工作人员，或者故意扰乱羁押场所秩序，妨碍执行公务等行为，情节严重的，依法追究法律责任。

第十二条 会见情况应当记录在案，附卷存档。

第十三条 本规定自2019年9月1日起施行。

最高人民法院以前发布的司法解释和规范性文件，与本规定不一致的，以本规定为准。

最高人民法院行政诉讼法司法解释理解与适用

（第二十六条～第二十九条）

第二十六条　原告所起诉的被告不适格，人民法院应当告知原告变更被告；原告不同意变更的，裁定驳回起诉。

应该追加被告而原告不同意追加的，人民法院应当通知其以第三人的身份参加诉讼，但行政复议机关作共同被告的除外。

【条文主旨】

本条是关于变更被告和追加被告的规定。

【起草背景】

本条规定主要沿用了《若干解释》第二十三条的内容：原告所起诉的被告不适格，人民法院应当告知原告变更被告；原告不同意的，裁定驳回起诉。应该追加被告而原告不同意追加的，人民法院应当通知其以第三人的身份参加诉讼。由于2014年行政诉讼法规定了“双被告”制度，作出维持决定的行政复议机关属于法定的共同被告，无须另行追加，因此在第二款增加了“但行政复议机关作共同被告的除外”的内容。

【条文释义】

一、变更被告的起因是原告所诉被告不适格

在行政诉讼中，将不适格的被告变更为适格的被告，为被告的变更。被告适格包含两个递进层面的含义。第一层是形式上适格，亦即有明确的被告，是指原告所诉被告清楚、具体，可以指认。但明确并不意味着正确，因此被告适格还包含更深一层的含义即实质性适格，也就是说原告所诉被告应当是作出被诉行政行为的行政主体。被告适格的条件大致可归纳为三条：第一，被告应当

是机构而非个人；第二，被告应当是依法成立、具有行政主体资格的机构；第三，原则上，对外作出行政行为的机构是被告。[①] 而被告不适格产生的原因，大体可以分为以下几种情形：（1）错列单一被告，即依照法律规定，原告所列单一被告并非作出被诉行政行为的行政主体，如行政机关的派出机构经法律、法规或规章的授权对原告作出了具体行政行为，原告不服，却起诉设立派出机构的行政机关；（2）遗漏被告，即依照法律规定，应当由多个行政主体作为被告的，而原告只起诉了其中的一个或者几个，遗漏了符合法律规定的其他被告；（3）多列被告，即依照法律规定，原告所诉被告中，既有适格的被告，也有不符合法律规定的被告。

二、对“应当告知”的理解

1. “应当”表明告知当事人变更不适格被告是人民法院的一种义务，如果人民法院没有履行告知义务而以原告所列被告不适格为由径行驳回起诉，则其诉讼程序违法，实质上剥夺了当事人的起诉权，不符合起诉权保障原则。

2. “告知”意味着人民法院对原告所诉被告不适格的情形应当进行释明和指导。至于释明的内容，应当包括几方面：（1）告知原告其起诉的被告不适格；（2）告知其所诉被告不适格的原因；（3）告知其适格的被告；（4）告知其如若不变更被告，则会导致驳回起诉的法律效果。清楚明白地告知原告其所诉被告不符合法律规定，告知其症结在哪里，解决之道是什么，不如此行事的法律后果是什么，既能调动原告变更不适格被告的积极性和主动性，也能增强人民法院依职权变更不适格被告的信服力和透明度，减轻可能受到原告抵触的压力，防止缠讼现象的发生。

三、拒绝变更被告的后果

经人民法院释明后，原告仍不同意变更不适格被告的，人民法院只能裁定驳回起诉，而不能依职权变更被告。这是因为处分权作为当事人诉讼权利的重要内容，受到法律的保护和尊重。是否变更被告属于原告享有的自由处分的权利，人民法院发现需要变更被告的情况后，应当告知原告变更，征得原告的同意。如果原告不同意变更被告，则其起诉不符合法定条件，人民法院应裁定驳回原告的起诉。

① 何海波：《行政诉讼法》，法律出版社2016年版，第204页。

四、应当追加被告而原告不同意追加的，人民法院应当通知其以第三人的身份参加诉讼

行政诉讼兼顾多元价值追求，既要保障当事人程序权利的自由处分，又要促成监督行政机关依法行使职权立法目的的实现。当两种价值发生冲突时，如何恰当地平衡，是立法者需要审慎考虑的问题。当有多个行政主体共同实施同一被诉行政行为时，如果原告只起诉其中的部分行政主体，本着尊重当事人诉讼权利的原则，人民法院不应追加未被起诉的行政主体为被告。但由于我国行政诉讼主要定位于客观诉讼，而非主观诉讼，行政案件针对的诉讼标的是行政行为的合法性，① 如果放任被诉行政行为的部分实施机关不接受审查，尤其是被诉行政行为存在违法情况时，则监督行政机关依法行政的目的就会落空。对此，应当追加被告而原告不同意追加的，“通知其以第三人身份参加诉讼”便是解决上述价值抵牾之处的适当对策。一方面，人民法院未将应当追加为被告的行政主体强行追加为被告，尊重了当事人的诉讼权利和意思自治；另一方面，将其以第三人身份纳入行政诉讼，同样可以起到监督其依法行使职权的效果。

理解未被追加为被告的行政主体以第三人身份参加诉讼应当注意以下几点：（1）“通知”是人民法院的一种义务，人民法院是依职权将未被追加为被告的行政主体列为第三人，无须再次征得原告的同意；（2）被通知的行政主体没有拒绝的权利，如果其无正当理由拒不出庭的，不妨碍行政诉讼的进行，人民法院经审理后可以缺席判决；（3）这里的行政主体作第三人，是类似于被告地位的第三人。

五、应当通知未被追加为被告的行政主体以第三人身份参加诉讼的例外规定：行政复议机关作共同被告

这是根据2014年行政诉讼法新增加的内容。2014年行政诉讼法第二十六条第二款规定：复议机关决定维持原行政行为的，作出原行政行为的行政机关和复议机关是共同被告。经复议的案件，复议机关维持原行政行为的，原告应当以原行政机关和复议机关为共同被告提起行政诉讼，如果原告只选择起诉原行政机关或者复议机关的，就产生追加被告的问题。人民法院首先应当告知原告追加被告，如果原告不同意追加的，则人民法院无须通知未被追加的原行政

① 江必新、梁凤云：《行政诉讼法理论与实务》，法律出版社2016年版，第633页。

机关或者复议机关以第三人身份参加诉讼，而应当依职权将其列为共同被告，无论是当事人甚至法院都不能进行选择。该项规定也与本解释第一百三十四条的规定前后呼应。

【实务指导】

正确厘清变更被告与追加被告的区别，避免司法审判实践选用不适当的处理方式。变更被告与追加被告属于两种不同性质的被告不适格情形，相应的处理方式也存在不同。故此，正确区分两者的差异，避免司法审判实践选用不适当的处理方式显得尤为重要。具体而言，两者的区别主要表现在三个方面。（1）性质不同，即变更被告属于被告不正确的问题，而追加被告则涉及被告不完全、不健全的问题。（2）适用情形不同，即变更被告适用于原告错列单一被告和多列被告的情形，而追加被告适用于原告遗漏被告的情形。（3）拒绝改变的法律效果不同，即原告拒绝变更被告的，人民法院应当以不符合法定条件为由，驳回起诉，诉讼程序终结；而原告拒绝追加被告时，人民法院或者通知未被追加为被告的行政主体以第三人身份参加诉讼，或者依职权追加为被告，相应的诉讼程序正常进行，不会因原告的拒绝追加而结束诉讼程序。

（刘滶撰写）

第二十七条　必须共同进行诉讼的当事人没有参加诉讼的，人民法院应当依法通知其参加；当事人也可以向人民法院申请参加。

人民法院应当对当事人提出的申请进行审查，申请理由不成立的，裁定驳回；申请理由成立的，书面通知其参加诉讼。

前款所称的必须共同进行诉讼，是指按照行政诉讼法第二十七条的规定，当事人一方或者双方为两人以上，因同一行政行为发生行政争议，人民法院必须合并审理的诉讼。

【条文主旨】

本条是关于追加必要共同诉讼当事人的规定。

【起草背景】

行政诉讼法第二十七条仅规定了当事人一方或者双方为两人以上时，人民法院可以合并审理的共同诉讼制度，但对必要共同诉讼当事人如何参加诉讼一直没有明确。必要共同诉讼当事人的追加制度在民事诉讼中确立已久，在行政诉讼中却还没有依据。故《行诉解释》新增本条，第一款、第二款借鉴《民诉解释》第七十三条的内容，规定了人民法院通知当事人参加及当事人申请参加的方式及其程序和条件，并增加一款限定本条适用的范围为必须共同进行的诉讼。

【条文释义】

一、本条适用于必要共同诉讼

本条第三款“必须共同进行诉讼”是指因同一行政行为引起的共同诉讼，由于该行政行为不能分割，法院必须一起审理，所以学理上称为必要的共同诉讼。必要的共同诉讼是一项源于民事诉讼法的理论和制度，可以分为两种情况，一是共同原告，二是共同被告。按照行政诉讼法第二十七条的规定，当事人一方或者双方为两人以上，因同一行政行为发生争议，此时人民法院不发生能不能合并审理的问题，而是必须合并审理。这是因为共同原告或者共同被告具有共同的权利义务，其中一人的诉讼行为，往往能够得到其他人的承认。其中一人的诉讼行为，得到其他人的承认，对其他人也发生效力。

本司法解释将追加必须共同进行诉讼的当事人适用范围限制在因同一行政行为发生争议的情况，主要包括以下几种情形：（1）两人以上共同违法，行政机关在同一行政行为中作出处理，受处理人均提起诉讼的；（2）法人或者其他组织违法，行政机关对该法人或者其他组织及其法定代表人、直接负责人员在同一个行政处理决定中作出处理，受处理人的单位和个人均不服而提起诉讼的；（3）行政处罚案件中，两个以上的共同被侵害人不服行政处罚而提起诉讼的；（4）行政处罚案件中，被处罚人和被侵害人双方均不服行政处罚而提起诉讼的；（5）两个以上的行政机关针对同一相对人联合作出行政行为，相对人不服而提起行政诉讼的。[①] 在以上案件中，必须参加诉讼的当事人没有参加诉讼的，适用本条规定。

二、必须共同进行诉讼的当事人没有参加诉讼的，人民法院应当依法通知其参加

人民法院“应当”通知必须共同进行诉讼的当事人参加诉讼，是因为该被追加的当事人与案件中的一方当事人对诉讼标的具有共同的权利义务，且需要合一确定。基于诉的不可分性和既判力理论，法院注重对案件处理的一致性和解决纠纷的彻底性，强调运用审判权追加当事人参加诉讼，将与已存在的诉

① 梁凤云编著：《新行政诉讼法逐条注释》，中国法制出版社2017年版。

讼有牵连的其他纠纷一并解决,[①] 同时也为了诉讼的经济与效率。在行政诉讼中,当诉讼标的已为生效裁判或者调解书所羁束时,不再进入实体性审查,本解释第六十九条规定的解决办法为:已经立案的,应当裁定驳回起诉。而这一规则在行政诉讼中存在已久,因而对必要共同诉讼当事人的追加制度显得尤为重要。本次新行政诉讼法解释新增必要共同诉讼当事人的追加制度,是对行政诉讼法第二十七条的细化措施,有利于完善行政诉讼法诉讼参加人制度,完善法律依据,使基于同一行政行为的当事人不被遗漏地加入行政诉讼中,表达意见、实现诉权、解决纠纷,同时有利于诉讼的经济与效率。

三、必要共同诉讼当事人参加诉讼的途径

根据本条第一款,当符合本条第三款时,即属于必要共同诉讼当事人,可通过以下两种途径参加到必要的共同诉讼中,成为共同原告或共同被告。

1. 人民法院依职权通知其参加。当事人一方或者双方为两人以上,因同一行政行为发生争议,人民法院必须合并审理的诉讼的当事人没有参加诉讼时,人民法院依职权必须依法通知其参加诉讼。

2. 当事人依申请参加。又分为两种情况:一是已经参加诉讼的当事人认为还有必须共同进行诉讼的当事人没有参加诉讼的,可以向法院申请使其参加到诉讼中;二是尚未参与诉讼的公民、法人或者其他组织得知法院受理了上述诉讼,认为其属于必须共同进行诉讼的当事人的,也可以向人民法院申请,以共同原告或共同被告的身份参加到诉讼中,使其纠纷得到一并解决。

四、被追加当事人的诉讼地位

共同诉讼人都是独立的法律主体,作为原告或被告,有独立的诉讼法律地位,共同原告或者共同被告有着共同的权利和义务。

【实务指导】

一、不得遗漏必须共同进行诉讼的当事人

遗漏必须共同诉讼的当事人是重大的诉讼程序违法,因此人民法院必须在这个问题上进行严格审查。对符合必要共同诉讼的案件,应当及时通知必须共同进行诉讼的人参加诉讼,从而合一确定当事人的权利义务,依法维护共同诉

---

① 张永泉:《必要共同诉讼类型化及其理论基础》,载《中国法学》2014 年第 1 期。

讼当事人的合法权益。

二、当事人追加申请被驳回的救济

当人民法院裁定驳回当事人的申请后，当事人如何获得救济。此处的驳回当事人追加申请的裁定，显然不在此列。如果人民法院审查后驳回当事人追加申请确有错误，导致本应参加诉讼的必须共同进行诉讼的当事人未能参加诉讼，其可根据本解释的相关规定和行政诉讼法第九十条的规定，对该驳回申请的裁定申请再审。

三、应当追加而没有追加的处理

行政诉讼法第八十九条规定："人民法院审理上诉案件，按照下列情形，分别处理：……（四）原判决遗漏当事人或者违法缺席判决等严重违反法定程序的，裁定撤销原判决，发回原审人民法院重审；……"遗漏当事人的情况即包括共同诉讼中应当参加诉讼的当事人没有参加诉讼。在二审程序中发现没有追加应当追加的当事人的，应当发回原审人民法院重审。

行政诉讼法第九十一条规定："当事人的申请符合下列情形之一的，人民法院应当再审：……（五）违反法律规定的诉讼程序，可能影响公正审判的；……"违反法律规定的诉讼程序包括应当参加诉讼的当事人，因不能归责于本人或者其诉讼代理人的事由，未参加诉讼的情形。对于必要共同诉讼的当事人，如果人民法院应当追加而没有追加就对该案进行了审查并作出了判决，人民法院查证属实后，应当进行再审。

（刘溦撰写）

第二十八条　人民法院追加共同诉讼的当事人时，应当通知其他当事人。应当追加的原告，已明确表示放弃实体权利的，可不予追加；既不愿意参加诉讼，又不放弃实体权利的，应追加为第三人，其不参加诉讼，不能阻碍人民法院对案件的审理和裁判。

【条文主旨】

本条是关于追加必要共同诉讼当事人的程序性规定。

【起草背景】

本条是本司法解释前一条的衔接性规定，借鉴了《民诉解释》第七十四条的内容，主要规定了人民法院追加共同诉讼当事人应当通知其他当事人，以及对于应当追加的原告应该如何处理的问题。

【条文释义】

一、应当追加的原告，已明确表示放弃实体权利的，可不予追加

对于应当追加的原告，应当适用本解释第二十七条的规定，其适用的情形也应当以属于必要共同诉讼为前提。对应当参加诉讼的原告没有参加诉讼的，人民法院应当依法通知其参加，此时如被追加的共同原告明确放弃实体权利的，为尊重当事人的诉讼权利，同时也按照权利义务对等原则，人民法院不再需要合一确定其与其他共同诉讼人的实体权利义务，也就不需要再要求其参加诉讼。在此情形下，人民法院可不予追加其参加诉讼。

二、应当追加的原告，既不愿意参加诉讼，又不放弃实体权利的，应追加为第三人

被追加的共同原告不愿意参加诉讼，又不放弃实体权利的，如两人以上共同违法，行政机关在同一行政决定中作出处罚，部分受处罚人提起诉讼，人民法院应当通知其他受处罚人作为共同原告参加诉讼，被通知的受处罚人不愿意参加诉讼又未明确表示放弃实体权利的，考虑到该被追加的原告放弃的仅仅是程序权利，其实体义务仍应当合一确定，此时，人民法院仍应进行追加让其参与到诉讼中来。考虑到原告不同意增加被告的，人民法院应通知其以第三人的身份参加诉讼，在追加原告时，也应当追加其为第三人。

三、被追加的第三人不参加诉讼不阻碍人民法院对案件的审理和裁判

鉴于被追加的第三人已明确表示不参加诉讼，如坚持要其参加到案件的审理中来，不但与其本人意愿相悖，也有可能影响案件审理的进程，故规定其不参加诉讼的行为不影响人民法院对案件的审理和依法作出裁判。

【实务指导】

一、人民法院追加共同诉讼的当事人时，应当及时通知其他当事人

对于必须共同进行诉讼的当事人，人民法院在追加时，应当严格按照程序处理，及时通知其他当事人，以便为其他当事人提供质疑、抗辩的机会。

二、对不愿意参加诉讼或者明确放弃实体权利的当事人应当予以释明

对应当追加的原告，明确放弃实体权利的，应当及时向其释明放弃实体权利的法律后果，确保其意思表示真实；对既不愿意参加诉讼又不放弃实体权利的，及时告知并追加其为第三人，依法保护当事人的诉讼权利。

（刘潋撰写）

第二十九条　行政诉讼法第二十八条规定的“人数众多”，一般指十人以上。

根据行政诉讼法第二十八条的规定，当事人一方人数众多的，由当事人推选代表人。当事人推选不出的，可以由人民法院在起诉的当事人中指定代表人。

行政诉讼法第二十八条规定的代表人为二至五人。代表人可以委托一至二人作为诉讼代理人。

【条文主旨】

本条是关于共同诉讼“人数众多”及推举诉讼代表人的规定。

【起草背景】

在行政管理活动中，特别是在集体土地征收、城市房屋拆迁过程中，行政机关的一个行政行为往往涉及众多的行政相对人，如果允许所有相对人都出庭参加诉讼，都参与法庭辩论，则会导致案件久拖不决，消耗大量的时间和人力，影响司法效率和案件的及时审理。对此，行政诉讼法参照民事诉讼法的相关规定，在二十八条确立了代表人诉讼制度。但由于该条规定实践操作性不强，司法解释有必要进一步予以明确。原《若干解释》第十四条第三款规定：同案原告为五人以上，应当推选一至五名诉讼代表人参加诉讼；在指定期限内未选定的，人民法院可以依职权指定。本司法解释借鉴《民诉解释》第七十五条、七十六条、七十七条、七十八条的规定，对上述规定做了较大调整：第一，上调了适用代表人诉讼制度的数量下限是当事人一方为十人；第二，赋予当事人对于是否推选代表人的选择权；第三，增加了代表人的数量为二至五人；第四，明确了代表人可以委托一至二人作为诉讼代理人。

【条文释义】

一、当事人一方数众多是指原告一方为十人以上，不包括被告方

1. 下限要求。行政诉讼法第二十八条规定的“人数众多”是指当事人一方为十人以上。该条规定的十人是一种技术规范，主要是参照《民诉解释》第七十五条“民事诉讼法第五十三条、第五十四条和第一百九十九条规定的人数众多，一般指十人以上”的规定。在民事诉讼领域确定的“十人”标准，多年审判实践中没有出现争议。①

2. “当事人一方”的理解。需要注意的是，人数众多的一方当事人主要是指原告一方，一般不包括被告方。本条司法解释虽主要是参照《民诉解释》相关规定修改的，但与《民诉解释》不同的是本条所称的“当事人一方”主要是指作为行政相对人的原告一方，一般不包括作为被告方的行政机关。因为根据职权分工原理，实践中，往往不存在被诉行政行为由十个以上的行政机关共同作出的情形。即使被诉行政行为是由多个行政机关作出的，由于各个行政机关的职权范围不同，其作出行政行为的事实根据、法律依据也不尽相同，因此，一个行政机关对其他行政机关作出的行政行为的合法性可能提不出充分的抗辩和举证。鉴于此，作为被告一方的行政机关不宜推选代表人进行诉讼。

二、推选和指定的诉讼代表人有范围限制

当事人推选的诉讼代表人必须属于众多当事人中的某一个或者某几个，而不能在当事人之外推选代表人。因为一方面诉讼代表人与诉讼代理人不同，诉讼代表人是与被诉行政行为有利害关系的当事人，除了代表其他当事人参加诉讼外，其自己也受到被诉行政行为的影响，也为自己的诉争利益进行诉讼；另一方面，诉讼代表人的诉讼行为对其代表的当事人发生效力，他们的利益应当一致。② 而根据本条司法解释，法院指定的诉讼代表人范围限于起诉的当事人，没有起诉的当事人或者不是当事人的，法院不能指定其为诉讼代表人。

---

① 沈德咏主编：《最高人民法院民事诉讼法司法解释理解与适用》，人民法院出版社2015年版，第275页。

② 袁杰主编：《〈中华人民共和国行政诉讼法〉解读》，中国法制出版社2015年版，第81页。

三、当事人一方人数众多的，由当事人推选代表人；当事人推选不出的，可以由人民法院在起诉的当事人中指定代表人

1. 由当事人推选代表人。行政诉讼当事人一方人数众多的，可以由全体当事人推选共同的代表人，也可以由部分当事人推选自己的代表人。

2. 人民法院指定代表人。推选不出代表人的，一般情况下，在必要的共同诉讼中可以自己参加诉讼，在普通的共同诉讼中可以另行起诉。但是，为了简化诉讼程序，节省人力、物力、财力等诉讼资源，使纠纷得到及时解决，使当事人的合法利益得到及时保护，从而解决诉讼主体众多和法院诉讼空间容量有限之间的矛盾，扩大司法解决纠纷的功能，提高诉讼效率，达到诉讼经济的目的，本条规定当事人推选不出代表人时，赋予人民法院指定代表人的权力。

四、诉讼代表人及其委托的诉讼代理人有法定人数限制

1. 诉讼代表人的下限和上限。根据本条的规定，当事人推选或者法院指定的代表人人数最少为二人，最多不能超过五人。根据民事审判多年经验，二至五人的诉讼代表人数量没有出现争议，该人数设置能够代表集团诉讼中被代表当事人的利益，符合诉讼实践要求，故本司法解释予以采用。

2. 诉讼代理人的人数要求。《民诉解释》第七十八条规定："民事诉讼法第五十三条和第五十四条规定的代表人为二至五人，每位代表人可以委托一至二人作为诉讼代理人。"本条规定的代表人可以委托一至二人作为诉讼代理人，也是指每个代表人可以委托一至二人作为诉讼代理人。据此推算，在代表人诉讼中，诉讼代表人最少可以委托两个诉讼代理人，最多可以委托十个诉讼代理人。

【实务指导】

1. 审判实践中应当注意确定"人数众多"的时间点可以适用民事诉讼法第五十三条、五十四条的规定，以"起诉时"为标准。在起诉时能够确定当事人一方人数众多的，则按照本解释关于人数众多的规定推选或指定代表人。

2. 当事人推选诉讼代表人的，应当以书面材料形式向受诉法院提交授权委托书；法院指定诉讼代表人的，应当采用适当方式告知当事人被指定为诉讼代表人的名单。

（刘溦撰写）

［部门规章、规章性文件与解读］

市场监督管理行政许可程序暂行规定

2019 年 8 月 21 日　　　　国家市场监督管理总局令第 16 号公布

第一章　总　　则

第一条　为了规范市场监督管理行政许可程序，根据《中华人民共和国行政许可法》等法律、行政法规，制定本规定。

第二条　市场监督管理部门实施行政许可，适用本规定。

第三条　市场监督管理部门应当遵循公开、公平、公正、非歧视和便民原则，依照法定的权限、范围、条件和程序实施行政许可。

第四条　市场监督管理部门应当按照规定公示行政许可的事项、依据、条件、数量、实施主体、程序、期限（包括检验、检测、检疫、鉴定、专家评审期限）、收费依据（包括收费项目及标准）以及申请书示范文本、申请材料目录等内容。

第五条　符合法定要求的电子申请材料、电子证照、电子印章、电子签名、电子档案与纸质申请材料、纸质证照、实物印章、手写签名或者盖章、纸质档案具有同等法律效力。

第二章　实施机关

第六条　市场监督管理部门应当在法律、法规、规章规定的职权范围内实施行政许可。

第七条　上级市场监督管理部门可以将其法定职权范围内的行政许可，依照法律、法规、规章的规定，委托下级市场监督管理部门实施。

委托机关对受委托机关实施行政许可的后果承担法律责任。

受委托机关应当在委托权限范围内以委托机关的名义实施行政许可，不得再委托其他组织或者个人实施。

第八条 委托实施行政许可的，委托机关可以将行政许可的受理、审查、决定、变更、延续、撤回、撤销、注销等权限全部或者部分委托给受委托机关。

委托实施行政许可，委托机关和受委托机关应当签订委托书。委托书应当包含以下内容：

（一）委托机关名称；

（二）受委托机关名称；

（三）委托实施行政许可的事项以及委托权限；

（四）委托机关与受委托机关的权利和义务；

（五）委托期限。

需要延续委托期限的，委托机关应当在委托期限届满十五日前与受委托机关重新签订委托书。不再延续委托期限的，期限届满前已经受理或者启动撤回、撤销程序的行政许可，按照原委托权限实施。

第九条 委托机关应当向社会公告受委托机关和委托实施行政许可的事项、委托依据、委托权限、委托期限等内容。受委托机关应当按照本规定第四条规定公示委托实施的行政许可有关内容。

委托机关变更、中止或者终止行政许可委托的，应当在变更、中止或者终止行政许可委托十日前向社会公告。

第十条 市场监督管理部门实施行政许可，依法需要对设备、设施、产品、物品等进行检验、检测、检疫或者鉴定、专家评审的，可以委托专业技术组织实施。法律、法规、规章对专业技术组织的条件有要求的，应当委托符合法定条件的专业技术组织。

专业技术组织接受委托实施检验、检测、检疫或者鉴定、专家评审的费用由市场监督管理部门承担。法律、法规另有规定的，依照其规定。

专业技术组织及其有关人员对所实施的检验、检测、检疫或者鉴定、评审结论承担法律责任。

第三章　准入程序

第一节　申请与受理

第十一条　自然人、法人或者其他组织申请行政许可需要采用申请书格式文本的，市场监督管理部门应当向申请人提供格式文本。申请书格式文本不得包含与申请行政许可事项没有直接关系的内容。

第十二条　申请人可以委托代理人提出行政许可申请。但是，依法应当由申请人本人到市场监督管理部门行政许可受理窗口提出行政许可申请的除外。

委托他人代为提出行政许可申请的，应当向市场监督管理部门提交由委托人签字或者盖章的授权委托书以及委托人、委托代理人的身份证明文件。

第十三条　申请人可以到市场监督管理部门行政许可受理窗口提出申请，也可以通过信函、传真、电子邮件或者电子政务平台提出申请，并对其提交的申请材料真实性负责。

第十四条　申请人到市场监督管理部门行政许可受理窗口提出申请的，以申请人提交申请材料的时间为收到申请材料的时间。

申请人通过信函提出申请的，以市场监督管理部门收讫信函的时间为收到申请材料的时间。

申请人通过传真、电子邮件或者电子政务平台提出申请的，以申请材料到达市场监督管理部门指定的传真号码、电子邮件地址或者电子政务平台的时间为收到申请材料的时间。

第十五条　市场监督管理部门对申请人提出的行政许可申请，应当根据下列情况分别作出处理：

（一）申请事项依法不需要取得行政许可的，应当即时作出不予受理的决定，并说明理由。

（二）申请事项依法不属于本行政机关职权范围的，应当即时作出不予受理的决定，并告知申请人向有关行政机关申请。

（三）申请材料存在可以当场更正的错误的，应当允许申请人当场更正，由申请人在更正处签字或者盖章，并注明更正日期。更正后申请材料齐全、符合法定形式的，应当予以受理。

（四）申请材料不齐全或者不符合法定形式的，应当即时或者自收到申请材料之日起五日内一次告知申请人需要补正的全部内容和合理的补正期限。按照规定需要在告知时一并退回申请材料的，应当予以退回。申请人无正当理由逾期不予补正的，视为放弃行政许可申请，市场监督管理部门无需作出不予受理的决定。市场监督管理部门逾期未告知申请人补正的，自收到申请材料之日起即为受理。

（五）申请事项属于本行政机关职权范围，申请材料齐全、符合法定形式，或者申请人按照本行政机关的要求提交全部补正申请材料的，应当受理行政许可申请。

第十六条　市场监督管理部门受理或者不予受理行政许可申请，或者告知申请人补正申请材料的，应当出具加盖本行政机关行政许可专用印章并注明日期的纸质或者电子凭证。

第十七条　能够即时作出行政许可决定的，可以不出具受理凭证。

第二节　审查与决定

第十八条　市场监督管理部门应当对申请人提交的申请材料进行审查。

申请人提交的申请材料齐全、符合法定形式，能够即时作出行政许可决定的，市场监督管理部门应当即时作出行政许可决定。

按照法律、法规、规章规定，需要核对申请材料原件的，市场监督管理部门应当核对原件并注明核对情况。申请人不能提供申请材料原件或者核对发现申请材料与原件不符，属于行政许可申请不符合法定条件、标准的，市场监督管理部门应当直接作出不予行政许可的决定。

根据法定条件和程序，需要对申请材料的实质内容进行核实的，市场监督管理部门应当指派两名以上工作人员进行核查。

法律、法规、规章对经营者集中、药品经营等行政许可审查程序另有规定的，依照其规定。

第十九条　市场监督管理部门对行政许可申请进行审查时，发现行政许可事项直接关系他人重大利益的，应当告知该利害关系人，并告知申请人、利害关系人依法享有陈述、申辩和要求举行听证的权利。

申请人、利害关系人陈述、申辩的，市场监督管理部门应当记录。申请人、利害关系人申请听证的，市场监督管理部门应当按照本规定第五章规定组织听证。

第二十条 实施检验、检测、检疫或者鉴定、专家评审的组织及其有关人员应当按照法律、法规、规章以及有关技术要求的规定开展工作。

法律、法规、规章以及有关技术要求对检验、检测、检疫或者鉴定、专家评审的时限有规定的，应当遵守其规定；没有规定的，实施行政许可的市场监督管理部门应当确定合理时限。

第二十一条 经审查需要整改的，申请人应当按照规定的时限和要求予以整改。除法律、法规、规章另有规定外，逾期未予整改或者整改不合格的，市场监督管理部门应当认定行政许可申请不符合法定条件、标准。

第二十二条 行政许可申请符合法定条件、标准的，市场监督管理部门应当作出准予行政许可的决定。

行政许可申请不符合法定条件、标准的，市场监督管理部门应当作出不予行政许可的决定，说明理由并告知申请人享有申请行政复议或者提起行政诉讼的权利。

市场监督管理部门作出准予或者不予行政许可决定的，应当出具加盖本行政机关印章并注明日期的纸质或者电子凭证。

第二十三条 法律、法规、规章和国务院文件规定市场监督管理部门作出不实施进一步审查决定，以及逾期未作出进一步审查决定或者不予行政许可决定，视为准予行政许可的，依照其规定。

第二十四条 行政许可的实施和结果，除涉及国家秘密、商业秘密或者个人隐私的外，应当公开。

第三节 变更与延续

第二十五条 被许可人要求变更行政许可事项的，应当向作出行政许可决定的市场监督管理部门提出变更申请。变更申请符合法定条件、标准的，市场监督管理部门应当予以变更。

法律、法规、规章对变更跨辖区住所登记的市场监督管理部门、变更或者解除经营者集中限制性条件的程序另有规定的，依照其规定。

第二十六条 行政许可所依据的法律、法规、规章修改或者废止，或者准予行政许可所依据的客观情况发生重大变化的，为了公共利益的需要，市场监督管理部门可以依法变更已经生效的行政许可。由此给自然人、法人或者其他组织造成财产损失的，作出变更行政许可决定的市场监督管理部门应当依法给予补偿。

依据前款规定实施的行政许可变更，参照行政许可撤回程序执行。

第二十七条 被许可人需要延续行政许可有效期的，应当在行政许可有效期届满三十日前向作出行政许可决定的市场监督管理部门提出延续申请。法律、法规、规章对被许可人的延续方式或者提出延续申请的期限等另有规定的，依照其规定。

市场监督管理部门应当根据被许可人的申请，在该行政许可有效期届满前作出是否准予延续的决定；逾期未作决定的，视为准予延续。

延续后的行政许可有效期自原行政许可有效期届满次日起算。

第二十八条 因纸质行政许可证件遗失或者损毁，被许可人申请补办的，作出行政许可决定的市场监督管理部门应当予以补办。法律、法规、规章对补办工业产品生产许可证等行政许可证件的市场监督管理部门另有规定的，依照其规定。

补办的行政许可证件实质内容与原行政许可证件一致。

第二十九条 行政许可证件记载的事项存在文字错误，被许可人向作出行政许可决定的市场监督管理部门申请更正的，市场监督管理部门应当予以更正。

作出行政许可决定的市场监督管理部门发现行政许可证件记载的事项存在文字错误的，应当予以更正。

除更正事项外，更正后的行政许可证件实质内容与原行政许可证件一致。

市场监督管理部门应当收回原行政许可证件或者公告原行政许可证件作废，并将更正后的行政许可证件依法送达被许可人。

第四节 终止与期限

第三十条 行政许可申请受理后行政许可决定作出前，有下列情形之一的，市场监督管理部门应当终止实施行政许可：

（一）申请人申请终止实施行政许可的；

（二）赋予自然人、法人或者其他组织特定资格的行政许可，该自然人死亡或者丧失行为能力，法人或者其他组织依法终止的；

（三）因法律、法规、规章修改或者废止，或者根据有关改革决定，申请事项不再需要取得行政许可的；

（四）按照法律、行政法规规定需要缴纳费用，但申请人未在规定期限内予以缴纳的；

（五）因不可抗力需要终止实施行政许可的；

（六）法律、法规、规章规定的应当终止实施行政许可的其他情形。

第三十一条 市场监督管理部门终止实施行政许可的，应当出具加盖本行政机关行政许可专用印章并注明日期的纸质或者电子凭证。

第三十二条 市场监督管理部门终止实施行政许可，申请人已经缴纳费用的，应当将费用退还申请人，但收费项目涉及的行政许可环节已经完成的除外。

第三十三条 除即时作出行政许可决定外，市场监督管理部门应当在《中华人民共和国行政许可法》规定期限内作出行政许可决定。但是，法律、法规另有规定的，依照其规定。

第三十四条 市场监督管理部门作出行政许可决定，依法需要听证、检验、检测、检疫、鉴定、专家评审的，所需时间不计算在本节规定的期限内。市场监督管理部门应当将所需时间书面告知申请人。

第三十五条 市场监督管理部门作出准予行政许可决定，需要颁发行政许可证件或者加贴标签、加盖检验、检测、检疫印章的，应当自作出决定之日起十日内向申请人颁发、送达行政许可证件或者加贴标签、加盖检验、检测、检疫印章。

第四章 退出程序

第一节 撤　　回

第三十六条 有下列情形之一的，市场监督管理部门为了公共利益的需要，可以依法撤回已经生效的行政许可：

（一）行政许可依据的法律、法规、规章修改或者废止的；

（二）准予行政许可所依据的客观情况发生重大变化的。

第三十七条 行政许可所依据的法律、行政法规修改或者废止的，国家市场监督管理总局认为需要撤回行政许可的，应当向社会公告撤回行政许可的事实、理由和依据。

行政许可所依据的地方性法规、地方政府规章修改或者废止的，地方性法规、地方政府规章制定机关所在地市场监督管理部门认为需要撤回行政许可的，参照前款执行。

作出行政许可决定的市场监督管理部门应当按照公告要求撤回行政许可，向被许可人出具加盖本行政机关印章并注明日期的纸质或者电子凭证，或者向社会统一公告撤回行政许可的决定。

第三十八条 准予行政许可所依据的客观情况发生重大变化的，作出行政许可决定的市场监督管理部门可以根据被许可人、利害关系人的申请或者依据职权，对可能需要撤回的行政许可进行审查。

作出行政许可撤回决定前，市场监督管理部门应当将拟撤回行政许可的事实、理由和依据书面告知被许可人，并告知被许可人依法享有陈述、申辩和要求举行听证的权利。市场监督管理部门发现行政许可事项直接关系他人重大利益的，还应当同时告知该利害关系人。

被许可人、利害关系人陈述、申辩的，市场监督管理部门应当记录。被许可人、利害关系人自被告知之日起五日内未行使陈述权、申辩权的，视为放弃此权利。被许可人、利害关系人申请听证的，市场监督管理部门应当按照本规定第五章规定组织听证。

市场监督管理部门作出撤回行政许可决定的，应当出具加盖本行政机关印章并注明日期的纸质或者电子凭证。

第三十九条 撤回行政许可给自然人、法人或者其他组织造成财产损失的，作出撤回行政许可决定的市场监督管理部门应当依法给予补偿。

第二节 撤 销

第四十条 有下列情形之一的，作出行政许可决定的市场监督管理部门或者其上级市场监督管理部门，根据利害关系人的申请或者依据职权，可以撤销行政许可：

（一）滥用职权、玩忽职守作出准予行政许可决定的；

（二）超越法定职权作出准予行政许可决定的；

（三）违反法定程序作出准予行政许可决定的；

（四）对不具备申请资格或者不符合法定条件的申请人准予行政许可的；

（五）依法可以撤销行政许可的其他情形。

第四十一条 被许可人以欺骗、贿赂等不正当手段取得行政许可的，作出行政许可决定的市场监督管理部门或者其上级市场监督管理部门应当予以撤销。

第四十二条 市场监督管理部门发现其作出的行政许可决定可能存在本规定第四十条、第四十一条规定情形的，参照《市场监督管理行政处罚程序暂行规定》有关规定进行调查核实。

发现其他市场监督管理部门作出的行政许可决定可能存在本规定第四十条、第四十一条规定情形的，应当将有关材料和证据移送作出行政许可决定的市场监督管理部门。

上级市场监督管理部门发现下级市场监督管理部门作出的行政许可决定可能存在本规定第四十条、第四十一条规定情形的，可以自行调查核实，也可以责令作出行政许可决定的市场监督管理部门调查核实。

第四十三条 作出撤销行政许可决定前，市场监督管理部门应当将拟撤销行政许可的事实、理由和依据书面告知被许可人，并告知被许可人依法享有陈述、申辩和要求举行听证的权利。市场监督管理部门发现行政许可事项直接关系他人重大利益的，还应当同时告知该利害关系人。

第四十四条 被许可人、利害关系人陈述、申辩的，市场监督管理部门应当记录。被许可人、利害关系人自被告知之日起五日内未行使陈述权、申辩权的，视为放弃此权利。

被许可人、利害关系人申请听证的，市场监督管理部门应当按照本规定第五章规定组织听证。

第四十五条 市场监督管理部门应当自本行政机关发现行政许可决定存在本规定第四十条、第四十一条规定情形之日起六十日内作出是否撤销的决定。不能在规定期限内作出决定的，经本行政机关负责人批准，可以延长二十日。

需要听证、检验、检测、检疫、鉴定、专家评审的，所需时间不计算在前款规定的期限内。

第四十六条 市场监督管理部门作出撤销行政许可决定的，应当出具加盖本行政机关印章并注明日期的纸质或者电子凭证。

第四十七条 撤销行政许可，可能对公共利益造成重大损害的，不予撤销。

依照本规定第四十条规定撤销行政许可，被许可人的合法权益受到损害的，作出被撤销的行政许可决定的市场监督管理部门应当依法给予赔偿。依照本规定第四十一条规定撤销行政许可的，被许可人基于行政许可取得的利益不受保护。

第三节　注　　销

第四十八条　有下列情形之一的，作出行政许可决定的市场监督管理部门依据申请办理行政许可注销手续：

（一）被许可人不再从事行政许可活动，并且不存在因涉嫌违法正在被市场监督管理部门或者司法机关调查的情形，申请办理注销手续的；

（二）被许可人或者清算人申请办理涉及主体资格的行政许可注销手续的；

（三）赋予自然人特定资格的行政许可，该自然人死亡或者丧失行为能力，其近亲属申请办理注销手续的；

（四）因不可抗力导致行政许可事项无法实施，被许可人申请办理注销手续的；

（五）法律、法规规定的依据申请办理行政许可注销手续的其他情形。

第四十九条　有下列情形之一的，作出行政许可决定的市场监督管理部门依据职权办理行政许可注销手续：

（一）行政许可有效期届满未延续的，但涉及主体资格的行政许可除外；

（二）赋予自然人特定资格的行政许可，市场监督管理部门发现该自然人死亡或者丧失行为能力，并且其近亲属未在其死亡或者丧失行为能力之日起六十日内申请办理注销手续的；

（三）法人或者其他组织依法终止的；

（四）行政许可依法被撤销、撤回，或者行政许可证件依法被吊销的，但涉及主体资格的行政许可除外；

（五）法律、法规规定的依据职权办理行政许可注销手续的其他情形。

第五十条　法律、法规、规章对办理食品生产、食品经营等行政许可注销手续另有规定的，依照其规定。

第五十一条　市场监督管理部门发现本行政区域内存在有本规定第四十九条规定的情形但尚未被注销的行政许可的，应当逐级上报或者通报作出行政许可决定的市场监督管理部门。收到报告或者通报的市场监督管理部门依法办理注销手续。

第五十二条 注销行政许可的，作出行政许可决定的市场监督管理部门应当收回行政许可证件或者公告行政许可证件作废。

第五章 听证程序

第五十三条 法律、法规、规章规定实施行政许可应当听证的事项，或者市场监督管理部门认为需要听证的其他涉及公共利益的重大行政许可事项，市场监督管理部门应当向社会公告，并举行听证。

行政许可直接涉及行政许可申请人与他人之间重大利益关系，行政许可申请人、利害关系人申请听证的，应当自被告知听证权利之日起五日内提出听证申请。市场监督管理部门应当自收到听证申请之日起二十日内组织听证。行政许可申请人、利害关系人未在被告知听证权利之日起五日内提出听证申请的，视为放弃此权利。

行政许可因存在本规定第三十六条第二项、第四十条、第四十一条规定情形可能被撤回、撤销，被许可人、利害关系人申请听证的，参照本条第二款规定执行。

第五十四条 市场监督管理部门应当自依据职权决定组织听证之日起三日内或者自收到听证申请之日起三日内确定听证主持人。必要时，可以设一至二名听证员，协助听证主持人进行听证。记录员由听证主持人指定，具体承担听证准备和听证记录工作。

与听证的行政许可相关的工作人员不得担任听证主持人、听证员和记录员。

第五十五条 行政许可申请人或者被许可人、申请听证的利害关系人是听证当事人。

与行政许可有利害关系的其他组织或者个人，可以作为第三人申请参加听证，或者由听证主持人通知其参加听证。

与行政许可有关的证人、鉴定人等经听证主持人同意，可以参加听证。

听证当事人、第三人以及与行政许可有关的证人、鉴定人等，不承担市场监督管理部门组织听证的费用。

第五十六条 听证当事人、第三人可以委托一至二人代为参加听证。

委托他人代为参加听证的，应当向市场监督管理部门提交由委托人签字或者盖章的授权委托书以及委托人、委托代理人的身份证明文件。

授权委托书应当载明委托事项及权限。委托代理人代为撤回听证申请或者明确放弃听证权利的，应当具有委托人的明确授权。

第五十七条 听证准备及听证参照《市场监督管理行政处罚听证暂行办法》有关规定执行。

第五十八条 记录员应当如实记录听证情况。听证当事人、第三人以及与行政许可有关的证人、鉴定人等应当在听证会结束后核对听证笔录，经核对无误后当场签字或者盖章。听证当事人、第三人拒绝签字或者盖章的，应当予以记录。

第五十九条 市场监督管理部门应当根据听证笔录，作出有关行政许可决定。

第六章 送达程序

第六十条 市场监督管理部门按照本规定作出的行政许可相关凭证或者行政许可证件，应当依法送达行政许可申请人或者被许可人。

第六十一条 行政许可申请人、被许可人应当提供有效的联系电话和通讯地址，配合市场监督管理部门送达行政许可相关凭证或者行政许可证件。

第六十二条 市场监督管理部门参照《市场监督管理行政处罚程序暂行规定》有关规定进行送达。

第七章 监督管理

第六十三条 国家市场监督管理总局以及地方性法规、地方政府规章制定机关所在地市场监督管理部门可以根据工作需要对本行政机关以及下级市场监督管理部门行政许可的实施情况及其必要性进行评价。

自然人、法人或者其他组织可以向市场监督管理部门就行政许可的实施提出意见和建议。

第六十四条 市场监督管理部门可以自行评价，也可以委托第三方机构进行评价。评价可以采取问卷调查、听证会、论证会、座谈会等方式进行。

第六十五条 行政许可评价的内容应当包括：

（一）实施行政许可的总体状况；

（二）实施行政许可的社会效益和社会成本；

（三）实施行政许可是否达到预期的管理目标；

（四）行政许可在实施过程中遇到的问题和原因；

（五）行政许可继续实施的必要性和合理性；

（六）其他需要评价的内容。

第六十六条 国家市场监督管理总局完成评价后，应当对法律、行政法规设定的行政许可提出取消、保留、合并或者调整行政许可实施层级等意见建议，并形成评价报告，报送行政许可设定机关。

地方性法规、地方政府规章制定机关所在地市场监督管理部门完成评价后，对法律、行政法规设定的行政许可，应当将评价报告报送国家市场监督管理总局；对地方性法规、地方政府规章设定的行政许可，应当将评价报告报送行政许可设定机关。

第六十七条 市场监督管理部门发现本行政机关实施的行政许可存在违法或者不当的，应当及时予以纠正。

上级市场监督管理部门应当加强对下级市场监督管理部门实施行政许可的监督检查，及时发现和纠正行政许可实施中的违法或者不当行为。

第六十八条 委托实施行政许可的，委托机关应当通过定期或者不定期检查等方式，加强对受委托机关实施行政许可的监督检查，及时发现和纠正行政许可实施中的违法或者不当行为。

第六十九条 行政许可依法需要实施检验、检测、检疫或者鉴定、专家评审的，市场监督管理部门应当加强对有关组织和人员的监督检查，及时发现和纠正检验、检测、检疫或者鉴定、专家评审活动中的违法或者不当行为。

第八章 法律责任

第七十条 行政许可申请人隐瞒有关情况或者提供虚假材料申请行政许可的，市场监督管理部门不予受理或者不予行政许可，并给予警告；行政许可申请属于直接关系公共安全、人身健康、生命财产安全事项的，行政许可申请人在一年内不得再次申请该行政许可。

第七十一条 被许可人以欺骗、贿赂等不正当手段取得行政许可的，市场监督管理部门应当依法给予行政处罚；取得的行政许可属于直接关系公共安全、人身健康、生命财产安全事项的，被许可人在三年内不得再次申请该行政许可；涉嫌构成犯罪，依法需要追究刑事责任的，按照有关规定移送公安机关。

第七十二条 受委托机关超越委托权限或者再委托其他组织和个人实施行政许可的，由委托机关责令改正，予以通报。

第七十三条 市场监督管理部门及其工作人员有下列情形之一的，由其上级市场监督管理部门责令改正；情节严重的，对直接负责的主管人员和其他直接责任人员依法给予行政处分：

（一）对符合法定条件的行政许可申请不予受理的；

（二）未按照规定公示依法应当公示的内容的；

（三）未向行政许可申请人、利害关系人履行法定告知义务的；

（四）申请人提交的申请材料不齐全或者不符合法定形式，未一次告知申请人需要补正的全部内容的；

（五）未依法说明不予受理行政许可申请或者不予行政许可的理由的；

（六）依法应当举行听证而未举行的。

第九章 附　　则

第七十四条 本规定下列用语的含义：

行政许可撤回，指因存在法定事由，为了公共利益的需要，市场监督管理部门依法确认已经生效的行政许可失效的行为。

行政许可撤销，指因市场监督管理部门与被许可人一方或者双方在作出行政许可决定前存在法定过错，由市场监督管理部门对已经生效的行政许可依法确认无效的行为。

行政许可注销，指因存在导致行政许可效力终结的法定事由，市场监督管理部门依据法定程序收回行政许可证件或者确认行政许可证件作废的行为。

第七十五条 市场监督管理部门在履行职责过程中产生的行政许可准予、变更、延续、撤回、撤销、注销等信息，按照有关规定予以公示。

第七十六条 除法律、行政法规另有规定外，市场监督管理部门实施行政许可，不得收取费用。

第七十七条 本规定规定的期限以工作日计算，不含法定节假日。按照日计算期限的，开始的当日不计入，自下一日开始计算。

本规定所称“以上”，包含本数。

第七十八条 药品监督管理部门和知识产权行政部门实施行政许可，适用本规定。

第七十九条 本规定自2019年10月1日起施行。2012年10月26日原国家质量监督检验检疫总局令第149号公布的《质量监督检验检疫行政许可实施办法》同时废止。

统一市场监督管理行政许可程序
完善市场监督管理许可规则

——《市场监督管理行政许可程序暂行规定》解读

市场监管总局法规司司长 刘红亮

2019年8月21日，市场监管总局第16号令公布了《市场监督管理行政许可程序暂行规定》（以下简称《规定》）。《规定》作为一部规范所有市场监督管理（包括药品、知识产权）行政许可事项的程序性规章，通过一般性、通用性的程序规范，将进一步促使市场监督管理各项行政许可有统一的基本规则可循，为市场监管全链条监管提供支撑，形成监管闭环。

一、立法主要原则

统一市场监督管理行政许可程序，规范市场监督管理行政许可，是市场监管总局成立后亟需解决的重要问题之一，关系各类市场主体的切身权益。在《规定》的制定过程中，主要遵循以下原则：

一是坚持统分结合原则。市场监督管理部门所实施的行政许可事项涉及市场主体准入、产品准入等多个业务领域。统是指统一市场监督管理行政许可程序，即通过制定一部适用于所有市场监督管理行政许可事项的程序性规章，作为规范市场监督管理许可的通用规则。分是指兼顾各业务条线许可的特殊性，即对于规章个别条款规定确实难以适用于相关行政许可事项的，《规定》作了相应的技术处理，通过设置其在个别条款中的适用例外，满足各业务条线的实际需求。

二是坚持改革与传承的原则。当前，根据进一步深化“放管服”等有关改革要求，各地不断推出与行政许可相关的改革措施，如“告知承诺”“最多跑一次”“不见面审批”等，其核心目的在于简化行政许可流程、便利行政许可工作。经过多年行政许可工作实践，市场监督管理部门已经积累并总结出一些比较行之有效的经验和做法。通过对这些经验和做法以立法方式加以制度化、规范化，可以更好地指导行政许可实践，以进一步提升市场监督管理部门在行政许可工作方面依法行政的能力和水平。

三是坚持理论与实践相结合原则。《中华人民共和国行政许可法》发布至今已近二十年，该法主要围绕着行政许可的设定、实施主体、准入程序等作了规定，对于近年来在行政许可具体实践中社会公众普遍关注的退出程序等，规定还不够细致。《规定》在符合《中华人民共和国行政许可法》等法律、行政法规规定的基础上，对行政许可的申请、受理、审查、决定环节作了进一步细化，补充有关行政许可听证、网上审批以及电子证照等内容，增强可操作性。同时，对实践中迫切需要的行政许可的退出程序，在厘清各类退出制度之间关系的基础上，进一步完善行政许可撤回、撤销、注销的相关要求，避免执法活动中的混用。

二、完善行政许可程序

《规定》作为规范市场监督管理行政许可程序的部门规章，明确规定市场监督管理部门、药品监督管理部门和知识产权行政部门实施行政许可，适用本规定，并结合实践需要，对行政许可程序作了细化完善。

（一）细化行政许可准入程序

《规定》在《中华人民共和国行政许可法》规定的基础上，对行政许可的申请、受理、审查、决定环节的实施程序作了细化规定。

一是细化申请方式。《规定》对线上线下申请方式进行统一规定，明确申请人可以到市场监督管理部门行政许可受理窗口提出申请，也可以通过信函、传真、电子邮件或者电子政务平台提出申请。同时，《规定》还针对不同的申请方式，明确相应的申请材料收到时间，以便在后续行政许可工作中能够更加准确清晰地计算相应的行政许可时限。

二是完善受理工作有关规定。《规定》补充了对申请材料的更正和一次补正告知有关要求，特别是结合基层存在的有关一次补正告知的问题和困惑，明确申请人无正当理由逾期不予补正的，视为放弃行政许可申请，市场监督管理部门无需再作出不予受理的决定。

三是规范审查决定环节。市场监督管理行政许可工作的技术性普遍比较强，大多需要依靠相应的技术机构及其人员来实施有关技术审查。对于技术审查工作中存在的问题，《规定》对相应技术审查工作及其程序作了细化，以进一步规范行政许可工作中的相关技术审查活动。

（二）补充行政许可退出程序

《规定》在立法权限范围内结合工作实际需要，对行政许可的退出程序作了相应的补充完善。

一是细化撤回程序。针对行政许可所依据的法律、法规、规章修改或者废止，或者准予行政许可所依据的客观情况发生重大变化两种情形的不同特点，《规定》分别设定了不同的撤回程序。对于第一种撤回情形，即基于法律、法规、规章修改或者废止而需要撤回的，由于法律、法规、规章的适用范围具有普遍性、广泛性，从公平的角度考量，此类撤回需要同等适用于所有基于法律、法规、规章而取得的行政许可。因此，《规定》明确规定对于此类事项的撤回，由立法机关所在地市场监督管理部门在其辖区内发布撤回公告，并由发证机关按照公告要求予以撤回。对于第二种撤回情形，即基于行政许可所依据的客观情况发生重大变化而需要撤回的，则规定由发证机关对于是否确需撤回予以审查。

二是完善撤销程序。从法律后果上来看，撤销相近于吊销，因此，在程序设置上《规定》主要参考《市场监督管理行政处罚程序暂行规定》的具体流程，规定需要调查核实的，应当予以执行，并赋予被许可人陈述、申辩和申请听证的权利。在撤销时限上，《规定》规定市场监督管理部门应当自本行政机关发现行政许可决定存在撤销事由之日起六十日内作出是否撤销的决定；不能在规定期限内作出决定的，经本行政机关负责人批准，可以延长二十日。同时还规定，被许可人、利害关系人自被告知陈述、申辩和申请听证的权利之日起五日内未行使该权利的，视为放弃，以解决撤销工作时限过长的问题。

三是明确注销方式。结合现行有关行政法规，《规定》对《中华人民共和国行政许可法》所规定的注销情形作了具体分类，即涉及市场主体注册登记的、被许可人主动申请的、行政机关难以直接获悉有关注销情形的，规定需要依据相对人申请方可启动；对于除涉及市场主体注册登记之外的其他行政许可的注销，如行政许可有效期届满未延续的，行政许可依法被撤销、撤回、吊销的，以及市场主体已经依法终止的，则允许由行政机关直接依据职权予以注销。

（三）明确行政许可听证、送达程序

《规定》规定应当举行听证的几种情形：一是法律、法规、规章规定或者市场监督管理部门认为需要听证的其他涉及公共利益的重大行政许可事项，由市场监督管理部门依职权举行听证；二是行政许可直接涉及行政许可申请人与他人之间重大利益关系，行政许可申请人、利害关系人申请听证的，由市场监督管理部门依申请举行听证；三是行政许可因存在法定情形可能被撤回、撤销，被许可人、利害关系人申请听证的，由市场监督管理部门依申请举行听证，同时按照《中华人民共和国行政许可法》有关规定，《规定》对于依法应当举行听证而未举行的行为规定了相应的法律责任。在程序设置上，考虑到现行有关部门规章对听证程序、送达程序已有较为完善的规定，因此，《规定》明确听证准备及听证参照《市场监督管理行政处罚听证暂行办法》有关规定执行，送达参照《市场监督管理行政处罚程序暂行规定》有关规定执行。

三、加大对行政许可的规范力度

《规定》在完善行政许可准入、退出程序以及听证、送达程序的同时，还从不同方面对行政许可实施工作予以规范，以确保市场监督管理行政许可符合法律法规要求。

（一）规范行政许可实施主体

《规定》对三类与行政许可实施工作相关的主体作了规定。第一类是依据法定职权实施行政许可的市场监督管理部门，要求在法律、法规、规章规定的职权范围内实施行政许可。第二类则是针对委托下级市场监督管理部门实施行政许可的情形，《规定》从避免工作风险和争议的角度，明确委托实施行政许可的，必须由委托机关和受委托机关签订委托书，以强调委托需要达成双方合意并具备法定形式。第三类是行政许可实施过程中需要对设备、设施、产品、物品等进行检验、检测、检疫或者鉴定、专家评审的，《规定》规定可以委托专业技术组织实施，并明确如果法律、法规、规章对专业技术组织的条件有要求的，市场监督管理部门应当委托符合法定条件的专业技术组织，以尽可能保证技术活动的规范性和可靠性。

（二）强化行政许可公开

公开是行政许可工作的基本原则之一，也是有效规范行政许可工作的重要手段，因此，《规定》对行政许可的公开作了比较完善的规定。一是将公开作为行政许可行为应当遵循的基本原则之一，按照《中华人民共和国行政许可法》有关规定，明确规定市场监督管理部门应当遵循公开、公平、公正、非歧视和便民原则，依照法定的权限、范围、条件和程序实施行政许可。二是为了保障相对人知情权，同时也是为了更有力地对行政许可活动进行监督，规定市场监督管理部门应当按照规定公示行政许可的事项、依据、条件、数量、实施主体、程序、期限（包括检验、检测、检疫、鉴定、专家评审期限）、收费依据（包括收费项目及标准）以及申请书示范文本、申请材料目录等内容。三是对委托实施行政许可、举行行政许可听证等，规定有关公示、公告的义务性规定，督促市场监督管理部门在具体工作中切实履行好相应的法定义务。四是加大对行政许可结果的公示力度，要求市场监督管理部门在履行职责过程中产生的行政许可准予、变更、延续、撤回、撤销、注销等信息，按照有关规定予以公示。

（三）完善行政许可评价及违法惩戒规定

一方面，《规定》根据《中华人民共和国行政许可法》规定，从行政许可的必要性、有效性等方面完善了对行政许可的评价制度，规定有关市场监督管理部门可以根据工作需要对本行政机关以及下级市场监督管理部门行政许可的实施情况及其必要性进行评价，以帮助市场监督管理部门更好地改进行政许可工作。另一方面，《规定》针对实践中大量存在的行政许可申请人隐瞒有关情况或者提供虚假材料申请行政许可，以及被许可人以欺骗、贿赂等不正当手段取得行政许可的情况，根据《中华人民共和国行政许可法》明确相应的法律责任。同时，《规定》还规定受委托机关超越委托权限范围或者再委托的相关责任，并对市场监督管理部门在行政许可工作中存在的违法行为规定相应的法律后果。

市场监管总局　国家发展改革委　工业和信息化部
民政部　财政部　国资委　银保监会

关于进一步加强违规涉企收费治理工作的通知

（2019 年 8 月 3 日）

各省、自治区、直辖市人民政府，国务院各部委、各直属机构：

党中央、国务院高度重视涉企收费治理工作，近几年来部署出台了一系列政策举措，违规收费明显减少，取得积极成效。但是，一些地方、一些部门及其下属单位、商业银行分支机构、行业协会、中介机构等，仍然存在违规收费问题，影响简政降费政策落实和营商环境优化，损害了企业正当利益。为确保党中央、国务院有关决策部署贯彻到位，确保更大规模减税降费政策效果，防止出现冲抵效应，要按照“依法依规、公开透明、系统清理、健全机制”的原则，进一步加强违规涉企收费治理。经国务院同意，现将有关事项通知如下：

一、严格落实责任，加大违规涉企收费查处力度

（一）各部门组织开展自查自纠。国务院各部门要切实履行行业管理责任，对照有关法律法规和政策文件要求，结合财政部公布的全国政府性基金和行政事业性收费目录清单、国家发展改革委公布的政府定价的经营服务性收费目录清单，抓紧对涉企收费情况进行调研摸底，认真组织在本行业、本系统开展自查，严禁政府部门将自身应承担的费用转嫁企业承担，严禁行业协会和政府部门下属单位借用行政权力违规收费。对自查发现违规收费的，要立即整

改，限期退还违规收取的费用，举一反三改进内部管理，坚决杜绝本行业、本系统出现违规收费行为。（国务院各部门负责，2019年9月底前完成）

（二）各商业银行开展自查自纠。银保监会督促指导各商业银行总行，严格对照“七不准、四公开”要求（“七不准”：不得以贷转存、不得存贷挂钩、不得以贷收费、不得浮利分费、不得借贷搭售、不得一浮到顶、不得转嫁成本，“四公开”：收费项目公开、服务质价公开、效用功能公开、优惠政策公开），在全行组织自查自纠，坚决清理规范商业银行分支机构违规收费行为。（银保监会负责，2019年9月底前完成）

（三）加强随机抽查和典型案例曝光。市场监管总局、银保监会、民政部、国资委结合各部门、各商业银行自查自纠情况，对政府部门及其下属单位，商业银行分支机构，行业协会，以及企业反映问题较多的其他领域进行随机抽查，重点抽查小微企业收费减免政策落实情况。对抽查发现的典型案例予以严肃查处并公开曝光。（市场监管总局、银保监会、民政部、国资委按职责分工分别负责，2019年12月底前完成）

二、事项一律公开，充分接受社会监督

（四）公布要求企业接受第三方服务的事项。国务院各部门要梳理涉及本部门职责的有关法律法规和政策文件，对确有依据要求企业接受第三方服务的事项，统一在本部门官方网站公布，并抄送市场监管总局；对法律法规依据不充分或实际不再需要企业接受第三方服务的事项，及时修订相关规章、政策性文件，提出法律法规修改建议。（国务院各部门负责，2019年9月底前完成）

（五）公布政府部门行政委托事项。地方各级人民政府和国务院各部门按照分级负责的原则，部署清理各级政府部门以文件、会议纪要等形式委托事业单位、行业协会、中介机构等办理的事项。属于政府自身职责范围且适合通过市场化方式提供的服务事项，按规定纳入有关部门政府购买服务指导性目录并实施政府购买服务；确需以行政委托方式交由事业单位等承办的行政管理事项，按规定纳入政府部门委托事项清单并在官方网站公布。（地方各级人民政府、国务院有关部门负责，2019年9月底前完成）

（六）集中公示下属单位收费事项。地方各级人民政府要部署所属部门在官方网站统一公布下属单位收费项目、收费标准、收费依据、收费性质和具体服务内容等，自觉接受社会监督，做到收费公开透明。（地方各级人民政府负

责，2019年9月底前完成）

（七）公布行政审批中介服务事项。各省、自治区、直辖市人民政府要制定本地区统一的《保留为行政审批必要条件的中介服务事项》，取消没有法定依据的行政审批中介服务项目，对保留的中介服务事项费用逐项明确由企业承担还是审批部门承担，并在官方网站公布。（各省、自治区、直辖市人民政府负责，2019年9月底前完成）

三、加强综合监管，建立健全治理长效机制

（八）完善举报投诉查处机制。建立违规涉企收费举报投诉线索高效查处、信息共享、联合惩戒等工作制度，降低企业维权成本，提高监管效率。（工业和信息化部牵头，减轻企业负担部际联席会议相关成员单位按职责分工负责，持续推进）

（九）落实经费保障要求。相关涉企收费项目取消、减免后，按照预算管理规定应由财政予以保障的支出，应当纳入政府预算予以安排。各地区要对有关预算安排情况进行认真梳理，对保障不到位的要及时调整，确保合理经费。地方各级人民政府不得以保障预算安排为由违规收费。财政部要持续加大预算监管力度，对有关违法违规行为予以严肃处理。（地方各级人民政府、财政部负责，持续推进）

（十）依法依规规范中介机构行为。各地区、国务院各部门要加快推进中介机构与审批部门脱钩，放宽准入条件，加快市场培育，推进中介服务标准化，通过市场充分竞争形成合理价格。加强对中介机构的事中事后监管，纠正中介机构借用行政职能或行政资源垄断经营、强制服务、不合理收费等问题。（地方各级人民政府、国务院各部门负责，持续推进）

（十一）建立治理成效评估机制。减轻企业负担部际联席会议办公室结合企业减负调查评估工作，建立治理违规涉企收费成效评估机制，引入第三方对各地区、各部门降费减负和治理违规收费情况进行评估。（工业和信息化部、市场监管总局牵头负责，持续推进）

（十二）健全治理法律体系。研究推进收费监管立法，完善收费监管制度，进一步明确各类违规收费行为的法律责任，强化各类收费主体依法收费意识。（市场监管总局等相关部门按职责分工负责，持续推进）

各地区、各部门要认真贯彻落实党中央、国务院工作部署，精心组织实

施，积极协调配合，形成上下联动治理违规涉企收费的工作格局，持续深化“放管服”改革，探索创新监管方式，降低制度成本，进一步增强企业获得感，激发市场活力。

民政部社会组织管理局负责人就《关于进一步加强违规涉企收费治理工作的通知》答记者问

2019年8月3日，经国务院同意，市场监管总局、发展改革委、工业和信息化部、民政部、财政部、国资委、银保监会联合印发《关于进一步加强违规涉企收费治理工作的通知》（以下简称《通知》），对各地方、各部门加强涉企违规收费治理工作提出要求。为了更好地宣传贯彻此项工作，民政部社会组织管理局副局长廖鸿对《通知》进行了解读。

问：请介绍一下《通知》出台的相关背景。

答：当前国内经济稳中向好，稳中有进，但同时稳中有变，稳中有忧，加上外部环境发生明显变化，中美贸易摩擦持续不断，迫切需要进一步优化营商环境，创造良好条件，为企业提供更大发展空间；迫切需要进一步加强对违规涉企收费的治理，清除堵点和难点，减轻企业负担，营造规范有序的发展环境。近年来，党中央、国务院高度重视涉企收费治理工作，习近平总书记、李克强总理及多位国务院领导同志都提出要求、作出批示，各地区、各部门也都加大清理规范涉企收费力度，连续开展涉企收费检查，取得积极成效，但一些违规涉企收费问题仍时有发生，需要进一步持续发力、精准发力。为此，市场监管总局会同国家发展改革委、工业和信息化部、民政部、财政部、国资委、银保监会等部门研究形成了《通知》，对下一步违规涉企收费治理工作进行全面部署，对建立完善涉企收费治理长效机制作出制度安排。

问：请简要介绍一下《通知》的主要内容和考虑。

答：《通知》在三个方面提出了十二条具体措施。第一条至第三条，提出各部门要切实履行管理责任，按职能和分工加大违规涉企收费查处力度。第四条至第七条，提出各部门或地方要公布要求企业接受第三方服务的事项、公布行政委托事项、公示下属单位收费事项、公布行政审批中介服务事项，提高涉企收费透明度。第八条至第十二条，提出相关部门和地方要完善举报投诉查处机制、落实经费保障要求、依法依规规范中介机构行为、建立治理成效评估机制、健全治理法律体系，建立健全违规涉企收费治理长效机制。

问：《通知》对民政部门提出了哪些工作要求?

答：清理规范行业协会商会涉企收费问题，是涉企收费治理工作的重要内容之一，也是民政部门落实党中央国务院部署、参与涉企收费治理的重点任务。《通知》第三条“加强随机抽查和典型案例曝光”部分，明确要求民政部要对行业协会进行随机抽查，并对抽查发现的典型案例予以严肃查处并公开曝光。同时，民政部也要按照《通知》任务分工，结合职责做好其他相关工作。

问：今年以来，民政部在涉企收费治理上做了哪些工作?

答：党中央、国务院对涉企收费治理工作作出一系列部署安排以来，民政部党组高度重视，多措并举，认真抓好贯彻落实，主要做了以下五方面工作：一是增强政治自觉，周密研究部署。多次召开传达学习动员部署会，深入学习习近平总书记关于减税降费一系列重要论述，增强做好工作的思想自觉、政治自觉和行动自觉。成立了由部党组书记、部长黄树贤任组长，部党组成员、副部长高晓兵、詹成付任副组长的民政部减税降费工作组，切实加强对减税降费工作的组织领导。向各省级民政部门印发通知，推动地方各级民政部门始终把思想和行动统一到党中央、国务院决策部署上来。二是加大排查摸底，开展自查自纠。全面排查和梳理部机关、直属单位及直管社会组织各类涉企收费事项，对不合规、不合理的一律取消，并要求各单位通过降低收费标准等措施最大限度减轻企业负担。三是突出工作重点，规范行业协会收费。将行业协会商会收费作为整治工作重点，通过网站、报刊、微信、短信、培训、会议等多种形式，广泛宣讲政策；进一步畅通投诉举报渠道，鼓励社会监督；在全国性行业协会商会抽查审计、等级评估、年度检查等工作中，将涉企收费问题作为监管重点，加强日常监管；严肃查办违规收费的协会商会，对部分协会商会乱收费行为公开通报批评。四是推进行业协会商会与行政机关脱钩改革。联合发展改革委等部门，组织行业协会商会在机构、职能、资产财务、人员、党建外事等方面与行政机关进行分离和规范，切断协会商会与行政机关的利益链条。五是开展专项检查，狠抓督促落实。会同市场监管总局、发展改革委、财政部、国资委等部门对行业协会商会收费情况进行专项检查，对各地工作情况进行调研和指导，推动各地将清理规范行业协会商会涉企收费工作落到实处。

问：民政部下一步对涉企收费治理工作有哪些考虑和工作安排？

答：目前，清理规范行业协会商会涉企收费工作取得了阶段性重要进展，整体上看协会商会涉企收费日益规范，但仍存在一些重复、偏高和过度收费等问题，还有的协会商会甚至顶风违规收费，再加上乱收费问题容易回潮和反弹，需要常抓不懈、久久为功。为此，民政部将着重围绕以下几方面持续发力，保持对行业协会商会收费管理的高压态势：一是进一步构建行业协会商会收费长效治理机制。目前，我部会同发展改革委、市场监管总局、财政部、国资委等部门，对行业协会商会收费问题进行了深入调查研究，全面检视了乱收费问题所在。下一步将根据调研情况，研提进一步加强和改进行业协会商会收费管理的意见，构建治理协会商会乱收费的长效管理制度和措施意见。二是进一步推进脱钩改革，切断行业协会商会与行政机关利益链条。2019 年 6 月，经党中央、国务院批准，发展改革委、民政部等十部委联合印发了《关于全面推开行业协会商会与行政机关脱钩改革的实施意见》（发改体改〔2019〕1063 号），要求全面推开行业协会商会脱钩改革。我部将会同发展改革委等部门，积极稳妥推开行业协会商会全面脱钩改革，从源头上解决行业协会商会依托行政权力和行政职能乱收费等问题。三是进一步加大对协会商会违规收费的查处力度。在年度检查、变更登记、换届审查、等级评估、抽查审计等日常管理中，重点关注协会商会收费情况，对强制收费、强制培训、强制入会、妨碍退会、乱发证书、借评比达标表彰收费等行为进行重点整治。继续加大对违规收费的查处力度，对发现的乱收费行为实行“零容忍”，通过行政处罚、信用惩戒、责令整改、清退违规收费等多种方式依法进行查处，并加大公开曝光力度。四是进一步打击非法社会组织，防止“李鬼”非法敛财。目前来看，合法登记的行业协会商会收费已日益规范，但一些“离岸社团”“山寨社团”仍在假冒各种行业协会商会名义向企业非法敛财，既增加了企业负担，又扰乱了合法登记行业协会商会正常发展秩序。对此，我们下一步将持续加大对非法社会组织的打击整治力度，切实防止“李鬼”非法敛财。

问：地方各级民政部门在行业协会商会收费管理问题上需要做好哪些工作?

答：清理规范行业协会商会涉企收费工作不仅是民政部的重要任务，也是全国各级民政部门的重要任务。各级民政部门要切实把思想和行动统一到党中央、国务院的决策部署上来，加强组织领导，做好统筹协调，持续规范协会商会涉企收费行为，不断减轻相关企业负担，逐步营造“不敢乱收费”“不能乱收费”“不想乱收费”的政策环境和工作氛围。一要认真学习习近平总书记和李克强总理重要讲话要求和批示精神，深入领会和贯彻党中央、国务院有关部署，进一步提高政治站位，切实增强狠抓涉企收费治理工作的自觉性和主动性。二要做好政策的宣传引导，推动协会商会主动规范收费行为，确保不违规收费、不强制收费，努力降低收费标准和收费金额，关上“乱收费”的“旁门”，打开规范收费的“正门”；鼓励引导协会商会进一步提高服务的专业化、有效化和多样化，提升服务的“含金量”。三要加大对违规收费行为的整治和查处力度，重点查处企业反映强烈的只收费不服务、总会和分支（代表）机构多头重复收费、强制入会收取会费、借评比达标表彰“卖牌子”收费、强制会员订购有关产品或刊物、利用政府名义或政府委托事项乱收费等行为，对顶风违规收费的，严惩不贷。四要严格登记审查，严把登记入口关，防止相近相似行业协会商会数量过多，减少企业重复、多头缴费负担。五要全面推开行业协会商会与行政机关脱钩改革，认真贯彻落实《关于全面推开行业协会商会与行政机关脱钩改革的实施意见》，按照脱钩改革进度安排，全面保质按时完成脱钩改革任务。六要加大对非法社会组织的打击整治力度，重点打击假冒各种行业协会商会向企业敛财的非法社会组织，防止劣币驱逐良币。七要加大对行业协会商会的扶持力度，推动政府购买服务和税收减免等扶持政策落地，激励行业协会商会履行社会责任。八要加强行业协会商会诚信自律建设，引导行业协会商会建立健全法人治理结构和运行机制，完善财务管理制度，健全内部监督机制，提升专业化、法治化水平。

科创板上市公司重大资产重组特别规定

2019 年 8 月 23 日　中国证券监督管理委员会公告〔2019〕19 号

第一条　为了规范科创板上市公司（以下简称科创公司）重大资产重组行为，根据《证券法》《公司法》《国务院办公厅转发证监会关于开展创新企业境内发行股票或存托凭证试点若干意见的通知》《关于在上海证券交易所设立科创板并试点注册制的实施意见》《上市公司重大资产重组管理办法》（以下简称《重组办法》）《科创板上市公司持续监管办法（试行）》以及相关法律法规，制定本规定。

第二条　科创公司实施重大资产重组或者发行股份购买资产，应当遵守《重组办法》、本规定等上市公司并购重组的有关规定。《重组办法》等有关规定与本规定不一致的，适用本规定。

第三条　上海证券交易所对科创公司发行股份购买资产进行审核，并对信息披露、中介机构督导等进行自律管理。

上海证券交易所经审核同意科创公司发行股份购买资产的，报中国证券监督管理委员会（以下简称中国证监会）履行注册程序。

中国证监会收到上海证券交易所报送的审核意见等相关文件后，在 5 个交易日内对科创公司注册申请作出同意或者不予注册的决定。科创公司根据要求补充、修改申请文件，以及中国证监会要求独立财务顾问、证券服务机构等对有关事项进行核查的时间不计算在本款规定的时限内。

第四条　科创公司实施重大资产重组，按照《重组办法》第十二条予以认定，但其中营业收入指标执行下列标准：购买、出售的资产在最近一个会计年度所产生的营业收入占科创公司同期经审计的合并财务会计报告营业收入的比例达到 50% 以上，且超过 5000 万元人民币。

第五条 科创公司拟实施重大资产重组，构成《重组办法》第十三条规定的交易情形的，拟置入资产的具体条件由上海证券交易所制定。

第六条 科创公司发行股份的价格不得低于市场参考价的80%。市场参考价为本次发行股份购买资产的董事会决议公告日前20个交易日、60个交易日或者120个交易日的公司股票交易均价之一。

第七条 实施重大资产重组或者发行股份购买资产的科创公司为创新试点红筹企业，或者科创公司拟购买资产涉及创新试点红筹企业的，在计算重大资产重组认定标准等监管指标时，应当采用根据中国企业会计准则编制或调整的财务数据。

科创公司中的创新试点红筹企业实施重大资产重组，可以按照境外注册地法律法规和公司章程履行内部决策程序，并及时披露重组报告书、独立财务顾问报告、法律意见书以及重组涉及的审计报告、资产评估报告或者估值报告。

第八条 上海证券交易所应当制定符合科创公司特点的并购重组具体实施标准和规则，报中国证监会批准。

第九条 科创公司发行优先股、非公开发行可转债、定向权证、存托凭证购买资产或与其他公司合并的，参照适用《重组办法》、本规定等有关规定。

第十条 本规定自公布之日起施行。

最高人民法院　司法部

关于扩大公证参与人民法院司法辅助事务试点工作的通知

（2019年6月25日）

各省、自治区、直辖市高级人民法院、司法厅（局），新疆维吾尔自治区高级人民法院生产建设兵团分院、新疆生产建设兵团司法局：

2017年7月以来，按照《最高人民法院 司法部关于开展公证参与人民法院司法辅助事务试点工作的通知》（司发通〔2017〕68号，以下简称《通知》）要求，北京、内蒙古、黑龙江、上海、江苏、浙江、安徽、福建、广东、四川、云南、陕西等12个省（区、市）积极开展试点工作，取得了明显成效。为进一步推动公证参与人民法院司法辅助事务试点工作的深入开展，最高人民法院、司法部决定将试点工作扩大至全国范围。现将有关事宜通知如下。

一、充分认识扩大公证参与司法辅助事务试点工作的重要意义

开展公证参与司法辅助事务，是构建社会矛盾纠纷多元化解机制的重要内容，是公证服务推进以审判为中心的诉讼制度改革的有益探索，是公证助力人民法院司法体制改革、社会治理创新的重要举措。试点一年多来，试点省份根据需求规范开展各项辅助业务，各具特色。如，浙江省丽水市莲城公证处、绍兴诸暨市公证处参与法院终本案件的财产查控工作，负责调查终本案件被执行人财产线索，参与实施财产的线上线下查控措施，出具法律意见书，推动严把进口、规范管理、畅通出口、有序退出的终本案件管理机制的不断完善。昆明市明信公证处以公证调解为中心，建立起一套涵盖法律文书送达、案件调解、调查取证、参与财产保全、参与执行以及全流程公证法律服务六大业务的综合服务体系，实现公证对司法辅助事务的全面承接。北京市中信公证处推出网络赋予债权文书强制执行效力公证系统，对网上小额借贷在线公证，将案件直接推送至人民法院，批量立案、批量执行，全程无纸化操作，从源头上分流案件，有效缓解了互联网金融案件诉讼难、执行难的问题。实践证明，公证参与司法辅助事务有利于保障法官集中精力做好审判执行工作，提高司法效率，有利于进一步深化矛盾纠纷多元化解机制改革，推动社会解纷资源的合理配置和高效利用，促进公证机构改革创新发展。随着人民群众对民主、法治、公平、正义、安全、环境等方面的要求日益增长，需要进一步发挥公证参与司法辅助事务在提高司法效率、推动司法改革、维护司法公信中的专业优势，在更大范围、更高层次上实现公证职能与法院审判执行工作的有机衔接。要从全面依法治国和完善公证制度的高度，充分认识公证参与司法辅助事务的重要意义，切实做好扩大公证参与司法辅助事务试点工作。

二、明确扩大公证参与司法辅助事务试点工作的主要任务和要求

首批试点的12个省（区、市）要深入总结前期试点工作经验，坚持问题

导向，大胆探索创新，努力破解影响试点工作开展的突出问题和瓶颈，创造更多新鲜经验，在全国起到示范引领作用。

其余19个省（区、市）和新疆生产建设兵团要在2019年7月底前启动公证参与司法辅助事务试点工作。要充分借鉴首批试点地方的经验做法，根据经济社会发展水平和公证行业发展情况，确定在全省（区、市）范围内或者选择部分地区开展试点。要因地制宜，分类指导，把公证资源充足、司法辅助事务需求较大的地区作为试点工作重点，积累经验、以点带面，逐步扩大试点。到2020年底，公证参与司法辅助事务力争在所有地市级行政区进行试点，使每个“案多人少”矛盾突出的人民法院都有公证参与司法辅助事务工作室。各地要在认真落实《通知》基础上，在扩大试点中把握好以下要求。

（一）完善制度机制。公证参与司法辅助事务既要遵守诉讼程序，又要遵循公证程序。要梳理完善现有制度机制，严格的执行，严密的监督，不能为完成司法辅助事务突破现有制度框架，违反公证程序。对于公证参与司法辅助事务中出现的新情况、新问题，要抓紧研究，开拓思路，用好用足用活政策，寻求新的制度性支撑点，明确相关规则。

（二）健全有机衔接。应当坚持需求导向，因地制宜，各地法院根据审判执行工作中的实际需要，聚焦送达、调解、保全、取证、执行等辅助事务，合理确定公证参与司法辅助事务的业务项目，有所侧重，做精做强。辅助执行、调查取证、保全与公证职能高度契合，可以加强法院与公证机构的衔接、面上推广，参与调解、送达和司法拍卖等可以根据法院需求有所选择。统筹法院系统、公证实务部门和研究机构的力量，围绕公证与法院如何衔接、公证程序如何科学合理嵌入法院的审判执行工作流程加大政策理论研究力度，明确并细化有关工作流程。

（三）规范开展辅助事务。规范公证机构参与人民法院司法辅助事务活动，研究制定服务事项、服务方式、服务流程、服务验收标准、违约责任等操作规范，高度重视、确保公证文书尤其是赋强债权文书的质量，充分发挥公证文书的证明作用。加强公证人员参与司法辅助事务的技能培训和交流，不断提高公证人员的专业素质和综合服务水平。

（四）推进信息平台建设。积极探索现代信息技术在司法辅助中的应用，大力开展在线对接平台建设，逐步建立相互贯通、共享共有、安全可靠的在线快速查阅通道平台，逐步实现纠纷的在线受理、调解、统计、督办、反馈、数据分析，送达、取证、保全、执行等工作的网上委派，相关法律文书的网上传递，有关业务数据的互查共享。

三、进一步加强组织领导和工作保障

（一）落实试点工作责任。各地要周密部署、精心安排，尽快制定试点工作的实施意见和方案，明确扩大试点的步骤、目标和时间节点等，确保试点工作顺利启动、扎实推进。人民法院、司法行政机关要细化任务分工，明确本单位的具体牵头部门和责任人员，主动加强与相关单位的沟通联系，分工负责，紧密协作，确保试点工作高效、有序运转。要注重围绕经济社会发展大局推进试点工作，努力赢得党委政府、相关单位和社会各界的支持。

（二）提高经费保障水平。各级司法行政机关要加强与人民法院的沟通协调，为试点工作提供必要的经费、场地、设施等，保障试点工作的深入开展；积极争取政府财政预算安排和政府购买服务，同时也要鼓励和引导各地采取多种方式，包括赋予公证机构财务自主权、设立基金等解决办法，多措并举予以经费保障。

（三）加大宣传推广力度。要拓展宣传渠道，充分利用各类新闻媒体和工作渠道，宣传公证参与司法辅助事务，不断提高公证参与司法辅助事务的社会知晓度和公众认可度。要加强理论研究，积极宣传推广公证参与司法辅助事务的先进典型和有益经验，为推进公证参与司法辅助事务试点创造良好舆论氛围。

附件：

最高人民法院　司法部
关于开展公证参与人民法院司法辅助事务试点工作的通知

2017年6月29日　　司发通〔2017〕68号

北京、内蒙古、黑龙江、上海、江苏、浙江、安徽、福建、广东、四川、云南、陕西省（区、市）高级人民法院、司法厅（局）：

为深入贯彻党的十八大和十八届三中、四中、五中、六中全会精神，贯彻落实中共中央办公厅、国务院办公厅《关于完善矛盾纠纷多元化解机制的意见》，充分发挥公证制度在推进多元化纠纷解决机制改革中的职能作用，现就开展公证参与人民法院司法辅助事务试点工作通知如下。

一、充分认识开展公证参与司法辅助事务试点工作的重要意义

公证制度是我国社会主义法律制度的重要组成部分，是预防性司法证明制度。公证活动可以为人民法院审判和执行工作提供裁判依据，促进审判活动依法高效进行；经公证的债权文书具有强制执行效力，可以不经诉讼直接成为人民法院的执行依据，减少司法成本，提高司法效率；公证制度具有服务、沟通、证明、监督等功能，是社会纠纷多元化解决的基础性司法资源，可以成为人民法院司法辅助事务的重要承接力量。近年来，一些地方人民法院积极引入公证机构参与司法辅助事务，取得了良好效果。公证参与司法辅助事务，是公证服务推进以审判为中心的诉讼制度改革的有益探索，是公证助力人民法院司法体制改革的重要举措，有利于协助法官集中精力做好审判执行工作，缓解人民法院“案多人少”的矛盾，有利于进一步深化多元化纠纷解决机制改革，推动社会纠纷资源的合理配置和高效利用，有利于促进公证机构改革创新发展。各级人民法院、司法行政机关要从全面依法治国和推进社会主义法治建设的高度，充分认识公证参与司法辅助事务的重要意义，积极为公证机构参与司法辅助事务创造条件，扎实推动此项试点工作的深入开展。

二、开展公证参与司法辅助事务试点工作的主要内容

自2017年7月起，选择在北京、内蒙古、黑龙江、上海、江苏、浙江、安徽、福建、广东、四川、云南、陕西12省（区、市）开展公证参与司法辅助事务试点，试点期限为一年。试点地方高级人民法院、司法厅（局）要选择法院“案多人少”矛盾突出，公证机构服务能力强的地方，积极稳妥开展公证机构参与人民法院司法辅助事务试点工作，支持公证机构在人民法院调解、取证、送达、保全、执行等环节提供公证法律服务，充分发挥公证制度职能作用。公证机构参与司法辅助事务的主要内容有：

（一）参与调解。人民法院通过吸纳公证机构进入人民法院特邀调解组织名册，进入名册的公证机构可以接受人民法院委派或委托在家事、商事等领域开展调解，发挥诉前引导程序性作用、开展调解前置程序改革。经委派调解达成协议的，公证机构可以应当事人申请，对具有给付内容、债权债务关系明确的和解、调解协议办理公证并赋予强制执行效力；经委托调解达成调解协议的，公证机构应当将调解协议及相关材料移交人民法院，由人民法院按照法律规定出具民事调解书或作相应处理。未达成调解协议的，公证机构可以在征得各方当事人同意后，用书面形式记载调解过程中双方没有争议的事实，并由当事人签字确认。在诉讼程序中，除涉及国家利益、社会公共利益和他人合法权益的外，当事人无需对调解过程中已确认的无争议事实举证。

（二）参与取证。公证机构可以接受人民法院委托，就当事人婚姻状况、亲属关系、财产状况、未成年子女抚养情况、书面文书等进行核实和调查取证。核查结束后，公证机构应就核查内容、核查过程、核查结果向法院出具取证报告。

（三）参与送达。公证机构可以接受人民法院委托，参与案件各个阶段的司法送达事务。鼓励公证机构采用信息化手段，推行集约化送达模式，避免分散作业和资源的重复投入。送达工作完成后，公证机构应当就送达过程、送达结果等情况形成送达全流程登记表，交由人民法院留存备查。

（四）参与保全。公证机构可以协助人民法院核实被保全财产信息和被保全财产线索，核实被保全动产的权属和占有、使用等情况。财产保全需要提供担保的，公证机构可以协助人民法院审查申请保全人或第三人提交的财产保全担保书、保证书，对其中的担保内容及证据材料进行核实。

（五）参与执行。人民法院支持公证机构在执行工作环节参与司法辅助事务。公证机构可以参与人民法院执行中的和解、调查、送达工作，协助人民法院搜集核实执行线索、查控执行标的，协助清点和管理查封、扣押财物。经执行机关申请，可以办理保全证据公证。

三、加强对公证参与司法辅助事务试点工作的组织领导

（一）加强组织领导。各试点省（区、市）高级人民法院和司法厅（局）要高度重视公证参与司法辅助事务试点工作，研究制定试点实施方案，确保试点工作按时启动、顺利推进、如期完成。要建立工作沟通协调机制，为公证机构和公证人员参与司法辅助事务创造条件。

（二）加强培训指导。要明确公证机构参与司法辅助事务的条件、内容、程序和工作措施，及时研究解决试点工作中遇到的问题。加强公证人员业务培训和纪律教育，加强相关领域尤其是专业技术领域公证业务的培训，严格规范公证行为，确保公证证据的真实性，避免公证证据瑕疵，提高司法辅助事务工作质量和信息化、规范化水平。

（三）加强政策保障。试点地方各级人民法院、司法行政机关要结合工作实际，争取党委政法委、财政等部门的支持配合，采取政府购买服务等方式引入公证机构参与司法辅助事务，为试点工作提供必要的经费、场地、设施等，保障试点工作的深入开展。

（四）推动制度完善。各级人民法院、司法行政机关要加强对试点情况的跟踪和指导，加强工作协调和督促检查，认真总结推广试点工作的经验做法。2018年6月，最高人民法院会同司法部总结经验，全面评估试点工作的实际效果，积极推动有关规章制度修订完善。

[司法实务问题研究]

《强制执行法》立法背景下“切实解决执行难”的路径探析

柳德新*

习近平总书记深刻指出：“纵观各国治理实践，如果社会治理跟不上经济发展步伐，各种社会矛盾和问题得不到有效解决，不仅经济发展难以为继，整个社会也可能陷入动荡。”党的十八届四中全会决定：“切实解决执行难，制定强制执行法”是中央统筹推进“五位一体”总体布局和协调推进“四个全面”战略布局的安排，意义重大影响深远。“执行难”问题错综复杂，深刻剖析表现和原因，注重实际中所需所盼，以立法巩固“基本解决”的成果，促进“切实解决”目标实现，更有保障、更有力量。一孔之见，定有缺陷，敬请宽宥。

一、“执行难”问题的“切实”表现

“执行难”问题，非一夜形成，非简单原因造成，是诸多社会问题和矛盾叠加、交织的结果，“切实解决”有“切实”的问题。

归纳起来看，其表现有：（1）查找被执行人难。部分被执行人因无固定收入或场地，或经营出现重大损失或管理不善“无力无法”面对，或故意规避责任等诸多原因想方设法逃避义务和债务，或“下落不明”，或外出务工，或刻意隐藏。（2）查找被执行人财产难。被执行人想方设法转移隐匿财产，

* 重庆市第五中级人民法院党组成员、执行局长。

有的借用他人或父母子女名义登记财产、开设银行账户或转移资产，花样繁多、变化多端。(3) 查找到的财产变现难。查找到的财产很多是房地产、车辆、证券、鲜活农副产品，有的租住或使用情况复杂，有的物业形态多，不利于变现或变现后交付困难。(4) 义务机关积极协助难。一些单位、组织以及个人抱着事不关己的心态，不支持，不配合，更有变相推诿、拒绝协助。(5) 排除非法干涉干预难。有的单位和个人基于自身、部门或地方利益，偏袒属地或利害关系人，干预、阻挠执行的仍有。(6) 清理历年案件欠账难。消化多年疑难案件任务重，有的十多家法院有查封、扣押，有租赁、抵押、担保、反担保情况，优先受偿情况复杂，办案周期长。(7) 网络查控平台全覆盖难。被执行人财产信息、行踪信息等查找不畅，财产的查控不能做到准确具体。(8) 借贷类案件全部执行到位难。有的金融案件标的额大，还款周期长，有的不愿接受以物抵债，民间借贷普遍不规范，利率高，还贷能力差。(9) 特殊类型案件执行难。一些无法投保的“无牌无证”摩托或农用运输车致多人重伤或死亡的交通肇事案，被执行人即使家产卖尽也难以偿付，尤其是被执行人是被羁押服重刑的赔偿案件。(10) 涉国企私企案件原因多兑现难。有的企业对政策理解不透，或估计不足盲目投资，也有国企“新官不理旧债”的现象。(11) 征收房屋和违法建筑强拆难。经济发展较快，用地量大，有时各类征收土地和房屋补偿标准不同，被征拆迁人期望值高，强拆时对抗性强。(12) 救助资金不足“应救”难。在农村和穷困地区申请执行人生活没有保障的涉民生执行案件多，不能做到“应救尽救”。(13) 信用机制顺畅运行难。诚实守信和失信惩戒制度建立刚起步，因各自认识、重视、责任要求不一，财产登记和市场监管不完善。(14) 受经济下行影响兑付难。有的企业经营管理漏洞多，有的效益差，负债多，偿付能力差。(15) 涉众性案件处理难上加难。烂尾楼盘清理、涉众集资、涉众诈骗资产清退人数众多、数额特别巨大，进退都难，办结更难。(16) 信访案件维稳妥善处置难。有的以跳楼、喝农药、自焚、静坐、围堵大门、拦截执行人员等方式阻碍执行，有的持续缠访、闹访等，把“维权路”走成“违法路”。(17) 执行人员自身权益保护难。少数当事人常为一己之私，“申冤投诉”，“递状子”，造谣中伤和诋毁执行人员而要惩戒不易。

二、“执行难”问题的“切实”剖析

“执行难”，到底“难”在哪里，这既是溯源之问，也是解决之道，“切实”深入剖析具体的问题，才能找到良方、良药、良策。

（一）“不熟”的市场经济

越开放、越发展，越需要更加改革开放，要跨过“中等收入陷阱”和应对“百年之大变局”，法治是最好的营商环境，是最大的软实力。

历朝历代“农本商末”观念是传统思想主调，是封建王朝最基本的经济指导思想，是统治者惯行的基本治国之策。由于农业生产力低下，受到的盘剥太多，无数的“农民革命”推动了历史不断发展。封建统治造就了深远的封建思想和文化影响，“人治”的传统对法治建设进程制约不容忽视。

“站起来”之初，国家模仿苏联高度集权的计划经济。经济不发达时期，主要是通过计划对“少数”生产、生活资料进行分配，民风淳朴，经济交往、交易少，民事纠纷案件较少，“执行难”基本不存在或不是问题。

“实践是检验真理的唯一标准问题的大讨论”“时间就是金钱，效率就是生命”“发展才是硬道理”“东方风来满眼春”的“南巡讲话”，回答了“市场经济”姓“资”姓“社”的问题，经济特区、外商投资，加入WTO，建设自贸区，“一带一路”，等等。20世纪到现在的中国大地，“改革开放”是一场空前的社会变革，改变了每个人的工作和生活，实现了从“计划”走向“市场”，从“富起来”到“强起来”，走上了世界“第二大经济体”的宝座。“厉害了我的国”有讲不完的市场故事，说不尽的市场奇迹，也有不平凡的历程和教训。

我国发展市场经济初期，“坚决地试，大胆地闯”“让一部分人先富起来”“宁愿睡地板，也要做老板”“十亿人民八亿商”。改变“国人命运”的市场分配、交易繁多、额度大增，极大地释放了生产力，但风险也随之放大。初级市场的“游戏规则”不系统、不全面、不具体，有人错误地认为“金钱万能”。有的经营者却把“厚黑”“无奸不商”，变成了经营的“王道”和“经验”。“一切向钱看”“一切都是商品”成为各种社会问题的总根源。有的因经营不善、不慎或因各种风险，“债台高筑”“濒临破产”“僵尸案件”“家徒四壁”“无偿债能力”。

社会正处在大发展中，经济又面临下行压力，结构性调整任重道远，融资难、融资贵，民间借贷利率高等引发经营困难和违约风险，创新动能尚显不足，全球经济及“中美关系和贸易”等不确定性因素加大。市场经济改革仍处于紧要的半途，法律体系仍远未完善，面对的问题会更加复杂。

（二）“不清”的执行授权

历时近30年的“执行难”问题，充分说明执行授“权”与立“威”出现了不能完全应对“破难题”的需要，有其存在的土壤。

《民事诉讼法》规定的执行机关是法院，经历了“审执关系”合一和分立的不同阶段，但执行机关及其行为性质仍不明确。现行实施的《民事诉讼法》第三编“执行程序”共35条，执行措施共15条，《最高人民法院关于适用<中华人民共和国民事诉讼法>的解释》“执行程序”共60条，很多问题缺乏明确规定或过于笼统，可操作性不强，立法供给不足的情况时有发生。

从立法上看，强制执行制度从来没有完整而独立的形态出现，散布于各种法律和司法解释当中的执行规则“就事论事”多，针对性较强，可系统性、稳定性较差，一般约束有，对内约束多，“法律”与“规定”之间的临界和冲突问题很难定义。随着信息技术的升级，运用定位查找、控制被执行人已经具备条件，然而条文没有授权。《民事诉讼法》第二百四十七条对财产变现有原则性规定，司法解释规定一拍可以在评估价下浮30%，二拍可以再次下浮不超过20%，随意性过大。《最高人民法院关于刑事裁判涉财产部分执行的若干规定》中财产拍卖主要是“无保留价拍卖”。被执行人经过相当时间的立案、审判，到了执行环节，要求对被执行人各种告知、释明、送达，愿望良好，但忽视现实困难，想逃债避债可谓“时间充分”。

（三）“不力”的法律规定

随着执行案件不断激增，强制执行法律关系变得更为复杂，执行的规定已不能完全满足实践的需要，不利于执行的有力开展。

诉讼法中“执行程序”的规定少，有关执行的司法解释性文件虽有30多部，操作规范1000多条，但存在“效力性不强、权威性不足、层级不高、局限不少”等问题，对一些根本性的问题需要廓清边界、理清权责，需要解决“执行难”的应势之举。拒不履行人民法院已经发生法律效力的判决、裁定的规定过于笼统，被执行人“拒不履行”四个字的规定过于宽泛，司法拘留最高“15天”，威慑严重不够。

“拒执罪”最早见于1979年《刑法》第一百五十七条：“拒不执行人民法院已经发生法律效力的判决、裁定的，处三年以下有期徒刑、拘役、罚金或者剥夺政治权利。”2015年7月，最高人民法院发布《关于审理拒不执行判决、裁定刑事案件适用法律若干问题的解释》，解决了“拒执罪”在定罪量刑以及程序上的部分争议。实践中对“拒执罪”适用较少，除了一目了然可直接入罪的“变卖查封、扣押财产”案件，要办成一件“拒执罪”案件是“难上加难”。受调查权的限制，执行员要提供“确实充分”的线索，存在着获取实质性证据难的问题。被执行人在执行中隐匿、转移财产等，反复侦查很难发现和固定关键证据。当前办理“拒执罪”相关参与部门积极性较低，协同意识不强，导致“拒执罪”案件办理周期长、效率低。

（四）“不浓”的法治意识

由于社会、历史、文化上的种种原因，“法律至上”的观念没有完全形成，“执行难”会反复出现，导致“切实解决”时的困局。

80%左右的被执行人不配合执行是不争的事实，被执行人不履行判决或调解的比率从1997年的30%上升到现在的50%。有的“失信被执行人”想方设法规避执行、抗拒执行，少数有钱“失信被执行人”“守财”的病态心理，还钱跟“要命”一样。有的“多角债”，被执行人抱着“不能天下人负我”的心态。存在“借钱办事，借鸡下蛋”等现象，不顾自身能力“盲目举债”。有的企业从开办之日起就找好了承担责任的“顶名法人”，极少数人从借款之时起就不准备“守信”还钱。有报道：“深圳一名资深律师拥豪宅却当起‘老赖’，在宝安区法院司法拘留期间其归还了欠款千多万元。”不少申请执行人甚至不知自己应该履行配合举证、提供财产线索、协助查找被执行人等义务。有的申请执行人连对方的资格、住址、财产等情况不清楚，交易中要求设置担保、抵押的少，自我保护意识不强。

民事执行案件通常属于民事活动范畴，在时效、力度、措施肯定不及案件的侦察，但有申请执行人认为执行员完全有义务、有能力寻到物、查到人，否则就是消极执行、怠于执行，甚至是“关系案”“人情案”。其实，对“失信被执行人”的痛责，执行员是不会低于申请执行人的，两者目标是一致的，但容易形成“难于调和”的对立。

（五）“不全”的信用体系

诚信体系建设正处于起步阶段，有的方面缺失以及漏洞还较常见，对一些耍“无赖”的行为还没有完全落实惩戒措施。

被执行人在执行立案后如实报告财产是法律规定的义务。有统计表明，被执行人报告的不足5%，如实报告的不足1%，使得一项好的制度形同虚设。经济交往的增多引发了大量案件，“道德滑坡”“重利轻义”“向钱看”成为时常，重眼前利益，轻信用意识，能拖就拖，诚实守信未能得到尊崇。社会成员信用记录相对缺失，财产登记在他人名下等缺乏有效办法掌握。有的甚至通过虚假诉讼，异议复议案件等方式，达到拖延执行的目的。公司、企业随意多头开立账户，某大型国有企业就开户上百个。有的被执行人在十几家银行有“信用卡”借贷案件，办的是“信用卡”，“刷”的是“不信用”。依法查人的机制不全，信息不畅通，协助不力，效果差，成本高。失信成本“低”，惩戒力度不够，阻碍了信用体系的形成和完善。

（六）“不重”的违法成本

有履行能力而拒不履行生效法律文书确定的义务，是主观上存在恶意、性质严重的妨碍司法行为，必须给予有力的制裁。

从具体的执行威慑和惩处措施来看，存在惩罚较轻、力度不够的问题。《民事诉讼法》规定对个人罚款为十万元以下、对单位罚款为五万元以上一百万元以下，司法拘留的期限为15天以下。不论“欠债多少”“拒不执行”都是15天以下拘留，与我国香港特别行政区、台湾地区的3个月和德国的6个月拘留期限相比，明显偏短。对既有贷款又有高息民间借贷的企业或个人，拖延执行还成了“利益”。执行标的额较大和当事人之间矛盾大的案件中，很多被执行人宁愿在拘留所“呆满”，也不愿意履行。拘留基本成为一般拒不执行人“最难过”的一道坎。有的“失信被执行人”认为违法的成本“最坏后果”就是把钱还了。从公布的数据看，纳入失信名单的被执行人可谓“千万大军”。

（七）“不畅”的联动机制

政府及部门“大数据”处于一定的封闭状态，在共享方面仍有畏难和不愿情绪，使得一些“失信被执行人”的财产成为“无法查找”。

在一些地方，存在狭隘的“官本位主义”“人治主义”“地方保护主义”“部门利益思想”，有的表面上支持执行，实际上偏袒被执行人，甚至以种种借口施加压力，制造执行障碍。有的协助执行人认为执行是法院的公务和职责，与本部门无关，往往以本单位利益或所谓的“少得罪人”的态度决定是否协助。有的也是看到了“硬规定”后心不甘情不愿地消极协助，更有甚者通风报信或直接“试法”，如果涉及多人、众人或与稳定有关或联系就得“百练千回”了。有报道：“某上市公司、某银行等拒不协助执行被追责，网上一查真不少。”

内部会议纪要或文件对联动单位约束力不强，落实程度取决于领导重视程度，随意性大。房产、土地等不动产权属不能全国性一次性网络查控。金融机构、银行存款，不能全面性高效率统一的网络查、控、划，有的不可查，有的可查不可控，还有的可控又不可划。在委托执行中，由于受委托法院受地方和部门保护主义干扰，有的使委托执行中途“流产”，使司法活动形成各地“区间”格局。

（八）“不强”的管理机制

解决“执行难”的重心在基层，难点在基层。日渐严峻的“案多人少”和“执行难”加剧了“执行乱”，扩大和加深了“难”的深度。

由于民事案件日益增长，甚至现在呈爆发式增长，审判和执行力量“严重不足”，存在执行人员“进不来人”“留不住人”等现象。在审理和执行案件“全流域”快速增长，但增编困难，不可平均用力的现实情况下，“重审轻执”的情况有合理存在的空间。有的执行队伍老化，力量严重不足，知识储备滞后，能力素质跟不上形势任务需要。

对执行工作性质、特点缺乏认识，导致“审判化”的现象发生。执行理念、模式相对滞后，执行规范化水平不高，争取各方支持的力度不够。执行实施权自然不自然变成了“让执行者执行，由执行者负责”，强调执行“三统一”无形变调。“立、审、执”有各自的独立性，实行审执分离，却又出现了审执脱节，案件的交流与反馈机制缺失，衔接不畅。有的执行案件底数不清、情况不明，管理失序。

（九）“不明”的执行身份

“执行难”攻克需要执行队伍不断加强和培养，“执行员”有“顶层设计”，没“落地生根”，且“有名无分”不利于问题的解决。

“执行员”最早出现于1954年《人民法院组织法》。该法第三十八条规定：“地方各级人民法院设执行员，办理民事案件判决和裁定的执行事项，办理刑事案件判决和裁定中关于财产部分的执行事项。”现行《民事诉讼法》第二百四十条规定：“执行员接到申请执行书或者移交执行书，应当向被执行人发出执行通知，并可以立即采取强制执行措施。”“执行员”三个字在《民事诉讼法》《人民法院组织法》中一再出现，但没有明确的执行员职级序列与任命。新修订的《人民法院组织法》《法官法》未表述执行机构、执行权、执行员等内容。

总有人认为执行案件比审判案件简单，执行干的是“头脑简单、四肢发达”的粗活、重活，“执行、执行，有人就行”。与“纸上谈兵”简单的对比，执行工作说轻点叫“沙场练兵”，说重点叫“战场实兵”，再说重点叫“兵戎相见”，造成“执行难”的原因是多种多样的，执行员主体资格不明确是原因之一。

(十)“不能”的执行案件

许多当事人及社会公众认为生效法律文书是以“国家信用”和“强制力”作背书，却不知或不愿面对无法执行到位的现实风险。

“执行不能”在形式上表现为生效的法律文书确定的权利未能最终实现，这在任何国家都存在。中央电视台《焦点访谈》报道：说起执行难，首先想到的就是死皮赖脸不肯还钱的“老赖”，在进入执行程序的案件中，约有43%属于确无财产可供执行的案件，是“巧妇难为无米之炊”，前者内核在“难”执行到财产，后者内核在“没有财产”。“执行不能”往往披着“执行难”“难执行”的外衣，正确认识并区分，对于增强当事人风险意识有重要意义。信任司法是社会稳定的基础，执行中对“执行不能”的判断若没有“绝对公信”的办法，将成为法院“不可承受”之重，只可能出现更多的“执行难”和“执行乱”。

三、“切实解决执行难”的路径探析

法律的生命力和权威在于“执行”。明者因时、因事而变，智者随事、随情而治。全面依法治国是一个渐进的过程，必须防病重于治病，治病良药齐全，必须根除“一切向钱看”的土壤空气，必须革掉“一切都是商品”陋习恶性，以恢宏的魄力、勇气、智慧、担当，构想构建“顶层设计”“制度安排”。“切实解决”必须“斗罢艰险”，又出发。

(一)“党的领导”是关键

“党政军民学，东西南北中，党是领导一切的。”办好中国的事情，关键在党，得不到“绝对”的力量，解决不了“绝对”的难执行。

建议：(1) 紧紧依靠党中央的集中统一领导，增强“四个意识”，坚定“四个自信”，做到“两个维护”，发挥制度优势、政治优势，建立符合现代法治原则的执行体系，使司法成为文明社会真正的中心力量，是关键所在。(2) 在中央全面依法治国委员会和中央政法委的直接领导下，抓紧制定“切实解决”的规划、立法，监督、授权，重点解决执行中可能涉及的“不熟”“不清”“不力”“不浓”“不全”“不重”“不畅”“不强”“不明”“不能”问题，使执行履职做到心无旁忌，才能外攻“执行难”，内克“执行乱”。(3) 认真贯彻落实党的十八大、十九大和《中国共产党政法工作条例》精神，在全国人大常委会、中央政法委和中央全面依法治国委员会中寻求力量源泉，最有效、最有力的办法就是在各级党委政法委内设“大案、要案、难案”和追究拒执罪的协调决策机构。(4) 各级法院党组和“一把手”要把构建中央提出的“党委领导、人大监督、政府支持、政法委协调、法院主办、部门配合、社会各界参与”的“大格局”作为重中之重，抓紧、抓实、抓出成效。(5) 争取各地建立由党政主要领导组成的“切实解决”领导小组，专门研究“涉企”“涉府”“涉村”“涉稳”“涉众”“涉重大风险防控”的疑难复杂案件。(6) 党委政法委要将“切实解决”专项治理工作纳入综治考评，健全和完善“多元化解”和“多元配合”的新机制。(7) 积极争取中共中央的支持，百分之百增加执行专项编制，切实增强执行力量。(8) 积极争取中纪委、国家监察委和中央组织部联合发布《对失信党员和行政监察对象信用惩戒实施细则》。(9) 在中共中央的领导和决策授权下，在执行局（庭）派驻公安警察协助执行或授权司法警察在执行中享有侦查权，及时、高效利用公安系统平台对被执行人进行户籍查询、监控定位等，早改比迟改好。

（二）“科学立法”是根本

“立善法于天下，则天下治。”习总书记强调：“没有金刚钻，揽不了瓷器活。”过于理性的立法无法解决“老赖”问题。

建议：(1)“切实解决”是党中央提出的“最高动员令”，是推动解决的最佳“窗口期”，必须全力以赴，做好《强制执行法》草拟工作，建立符合“中国智慧”“中国特色”的市场经济法律体系，这是根本所在。(2) 强制执行立法要让原则性、抽象性的东西更具体，“切实解决”只能是“金刚钻”，必须特别突出“对权益的及时有效保护”，一部好的《强制执行法》必将胜过千军万马。(3) 立《执行官法》，明确执行员的地位、任职资格和条件、产生的方式方法，通过持之以恒努力实现队伍的“革命化、正规化、专业化、职业化”。(4) 确保有效有力的司法解释得到立法确认，也是“最直接、最科学、最经济”的办法。(5) 要以强大的国家力量作为执行最强“后盾”，建议立法赋予重大执行调动公安、武警和社会各种力量的授权，对进入诉讼阶段后“极不合常情”的财产转让和“显失公平”的交易纳入拒执罪于以考量。(6) 对逃避、规避、隐匿、阻挠等一般违法行为的司法拘留期限修改为 3 个月或 6 个月。(7) 强制执行立法要借鉴多数国家和香港特别行政区经验，合理区分执行活动中的法院职权行为与强调当事人主体地位和诉讼行为。“查找被申请执行财产”充分授权当事人、委托律师、社会专业辅助机构进行。(8) 个人破产前“宣誓制度”必须建立，最严肃和最严格的“查人查财产”和“执行不能”的权威判断必须有“绝对的公信”。(9) 在诉讼法修改中直接加入，被执行人在法律文书生效后十五日内主动如实申报其财产，逾期不申报或不如实申报视为拒不执行。（10）立法中配套重点研究市场准入的条件、资质、资格，着力制定“有多大能力‘玩’多大游戏”的制度和法律。

（三）“执行改革”是出路

“徒法不足以自行。”中央提出执行改革，目标就是“切实解决执行难”，改革方案将由中共中央和全面深化改革委员会作出重大决策。

建议：（1）从确保国家长治久安的出发，以全球视野谋划和推动改革，运用认识论、方法论，观察、研究鲜活的“执行难”。（2）深入研究“执行难”治理的理念、制度、政策、司法解释等的发展过程，总结经验，着力争取高端供给，让改革释放出大强的活力。（3）改革的根本出路就在于强化立法和增加执行力量，要“与时俱进”“与难共进”的突破瓶颈、解决深层次矛盾和问题，让改革可期可及。（4）要坚持推进法治社会、法治政府一体建设。（5）执行改革已经进入深水区，改革诉讼制度和执行法规中存在的“计划经济”和“职权主义”色彩，如“限高”由申请人提出采取和申请撤销更好。

（四）“共建诚信”是基石

“人无信不立，国无信则衰。”诚信是人类共同的价值追求，更是现代社会运行的基石，联合惩戒需要国家层面大力加强和推进。

建议：（1）中央深改组第二十五次会议审议通过《关于加快推进失信被执行人信用监督、警示和惩戒机制建设的意见》，要共建、共享、共同作为，要落实、落实再落实。（2）对“失信人”处处设限，只有一旦“失信”就会付出“更大代价”的时候，“执行难”问题才会迎刃而解。（3）从国家层面完善公民、法人“信用画像”，打造唯一“信用身份证”和经营账户，形成处处凭信用、事事看信用。（4）建立对个人和企业的信用交易、出资置产、缴费纳税、违法犯罪等信息进行全面、准确、及时、完整记录的征信体系，限制被执行人的贷款、融资等金融活动。（5）在更广范围、更深层次上建立“失信人”网站，方便各类主体查询的，使其交易和经营困难，为不诚实守信付出高昂代价。

（五）“联动机制”是重点

“一个篱笆三个桩，一个好汉三个帮。”执行工作要以“大联动”摆脱困境，以“大联合”破解瓶颈，只有各方联动，才能天下无“赖”。

建议：（1）完善公安、检察及相关的部门协作和联动工作机制，有足够的措施和办法对涉嫌构成“拒不执行判决、裁定罪”的依法及时启动刑事追究。(2)发挥公安、国土资源、房管、税务、劳动保障、国有资产管理、银行、保险、招投标管理等方面的协同作用，设置多重“高压线”，打造“人人尽责”的治理共同体。(3)变各法院“单兵作战”为多部门“协同作战”，变“各自为政”为“共同作战”，在委托执行方面有更严格的要求，有更切实的“协助”成果。(4)在立案、审判、调解、保全等各个环节时时思考“案结”、处处合力“事了”。

(六)“科技支撑”是利器

“为者常成，行者常至。”面对千头万绪的执行问题，要以信息化、大数据联通“筋脉”，向“科学技术”要执行力。

建议：(1)依托大数据、云计算、区块链技术，升级“信息化平台”，让管“云”管“数”成为“管用”，让“繁琐”“不畅”成为“好用”，建成“智慧执行”模式新平台。(2)尝试构建可以实现“链上”智能合约、文件存储、身份验证、权利证明、社交领域、人脸识别、指纹识别的“加密电子执行公务网”。(3)运用大数据，延伸人财物查控“触角”，实现人财物查控的“全面性”。(4)运用微博、微信公众号、短信服务等平台，实现“线上线下”同频共振和共同发力，推进阳光执行。(5)借助第三方支付平台，向被执行人实时推送催告文书，着力破解执行中的“送达难”。(6)深度对接人民银行、行政管理部门和商业信用评定机构的征信系统，实现对所有财产“查控”的“一网打尽”。

(七)“兵精将勇”是保证

“吏不良，则有法而莫守。”执行案件无大小，“切实解决”要有队伍的“切实”数量、质量，只有“能征善战”，才会执行无“难”。

建议：(1)继续坚持“一把手抓、抓一把手”，要树立“全国、全院一盘棋”思想，各级领导要率先垂范，把关重大方案，督导关键节点，加强“立、审、执”协调，重点解决好“方向、原则”坚定正确，“大案、要案”障碍排除，“人力、财力”保障坚定。(2)把战争时期和新时代的军事思想、《孙子兵法》纳入培训的重要教材，在实践中学出“战天斗地”信心和勇气。(3)执行法官是“第一要素”，必须培养内在、内生动力和为民情怀，强化使命、责任、能力、担当，用实际行动捍卫法律尊严。(4)把熟悉法律政策、社会经验丰富、会做群众工作、心理素质好的人，选调到执行岗位上，宁缺毋滥。(5)坚持问题导向和“刀刃向内”，落实“五个严禁”的要求，以零容忍态度严惩司法腐败。(6)要多给执行员一份理解，一份支持，一份关心，执行就多一份公信和权威，添一份底气和勇气，强一份睿智和从容。

（八）“穷尽措施”是要务

“利民之事，丝发必兴。”一件执行案件对普通群众来说，事关“一家生计”，要有勇气和智慧，不为困难找理由，多为解难添办法。

建议：（1）严格执行最高人民法院“内、外、有、无”工作要求精准发力，将消极执行、拖延执行、不规范执行等现象基本消除；将规避执行、逃避执行、抗拒执行以及非法干预执行的现象基本遏制；确保有财产可供执行案件基本执行完毕；无财产可供执行案件终结本次执行的程序标准严把握。（2）坚持“好传统+高科技”，继续发扬道尽“千言万语”、走遍“千山万水”、想出“千方百计”、克服“千难万险”的“四千精神”，努力攻克疑难案件。（3）构建“定员、定时、定岗”的执行流程管理新模式，分权制衡，分工协作，大力提高执行标的到位率，让申请执行人获得“真金白银”。（4）坚持“一性两化”工作思路，把该做的事做完，该用的手段用尽，该处罚的惩戒到位，通过“以点带面”，达到“突出重围”。（5）推动建立“执行不能”案件依法退出是长远之道，对陷入生活困境的申请执行人进行国家救济。（6）坚持以办案数量为主，结合案件难易程度、办案质量效果，科学设定指标体系，引导多办案、办好案，向管理要生产力。

结　语

要知执行“真面目”，只能身在“执行中”。回答“切实解决”新课题、应对“无穷无尽”新挑战、解决“历史、现实”新问题，“大道至简、实干为要”。全国人大常委会已正式将《强制执行法》列入二类立法项目，草案将于2019年底提交立法机关审议。笔者不想以“难执行”作为衡量“执行难”问题尺度，只想在立法时尽痴心之力，引来更多更好的“重视和力量”“制度和立法”，全面围剿“老赖”，全力围歼“执行难”，“切实解决”这一顽瘴痼疾。但求《强制执行法》立法时有点滴吸纳，夙愿达成。

[新类型疑难案例选评]

陈某亭诉上海市住安建设发展股份有限公司等案外人执行异议之诉纠纷案

李文达*

【基本案情】①

2004年9月7日，常熟市时风房地产开发有限公司（以下简称时风公司）与陈某亭签订《商品房买卖合同》，约定陈某亭以44万元的价格购买时风公司开发建设的位于常熟市海虞南路62号时风国际广场22-A室商品房，建筑面积为49.23平方米，土地规划用途为商业服务业，土地使用权自2003年11月29日至2043年11月29日。

陈某亭于2007年3月向时风公司支付了全部房款，同月，案涉房屋交接完毕，双方签订《房屋交接书》。陈某亭收房后随即委托时风公司统一出租，时风公司按月向陈某亭支付收取的租金，其中最晚一笔租金的支付时间为2016年8月22日，金额为3360元。陈某亭称由于工作繁忙以及自身疏忽等原因，双方始终未办理房产过户登记，案涉房产一直登记在时风公司名下。经常熟市不动产登记中心查询，陈某亭名下始终无任何房产登记记录。

苏州市中级人民法院在执行原告上海市住安建设发展股份有限公司（以下简称上海住安公司）与被告时风公司建设工程施工合同一案过程中，于

* 作者单位：江苏省南京市中级人民法院民二庭。

① 一审案号：（2017）苏05民初288号；二审案号：（2018）苏民终74号；再审案号：（2018）最高法民申3758号。

2014年7月21日作出执行裁定书及协助执行通知书，查封时风公司名下的案涉房产。后陈某亭以该房产系其所有为由向苏州中院提起案外人异议。苏州市中级人民法院于2017年3月16日作出（2014）苏中执异字第26号执行裁定书，认定陈某亭未办理房产过户登记系其自身原因所致，裁定驳回陈某亭提出的案外人异议。陈某亭据此提起案外人异议之诉。

【争议焦点】

1. 争议焦点：物权期待权在何种情况下可以排除强制执行

《最高人民法院关于适用〈中华人民共和国民事诉讼法〉的解释》第三百一十二条规定，案外人就执行标的享有足以排除强制执行的民事权益的，判决不得执行该执行标的；案外人就执行标的不享有足以排除强制执行的民事权益的，判决驳回诉讼请求。据此，判断执行标的物能否执行，需审查案外人就执行标的物是否享有足以排除强制执行的民事权益。

对于本案所涉情形，案涉房屋尚未办理过户登记，仍登记在时风公司名下，陈某亭不享有该房屋的所有权。但陈某亭与时风公司已签订《商品房买卖合同》，且已全额支付购房款，时风公司亦向陈某亭交付房屋并由陈某亭间接占有，陈某亭对案涉房屋享有物权期待权，上海住安公司享有对时风公司的工程款债权。因此案件争议焦点是：陈某亭对案涉房屋享有的物权期待权能否排除对案涉房屋的强制执行。

2. 争议的实质：案外人对执行标的物的实体权利与申请执行人对执行标的物执行请求权的比较

案外人异议之诉是在执行程序中，执行当事人之外的主体以申请执行人为被告，以对执行标的物主张实体权利为基础，要求人民法院通过裁判作出停止对该执行标的物执行的一种请求。这里的案外人指的是在民事执行程序中，执行法律关系当事人之外的与执行标的物有利害关系的主体。案外人异议之诉的目的是请求法院排除对特定执行标的的执行行为，所基于的理由是案外人对执行标的享有实体权益以及法院的执行行为妨害了其所享有的实体权益。①

执行异议之诉在形式上体现为是否排除强制执行行为的纠纷，在实质上

---

① 沈德咏主编：《最高人民法院民事诉讼法司法解释理解与适用》，人民法院出版社2015年版，第812页。

是案外人与被执行人对该执行标的物的权属纠纷，换言之，案外人对执行标的物所享有的实体权利在效力上是否优先于申请执行人的执行请求权的问题。即针对同一执行标的，案外人的实体权利与申请执行人的债权应当优先保护何方。

［评析］

房屋买受人提起案外人异议之诉审理路径探析

一、房屋买受人提起案外人异议之诉的两种处理思路

类似于前述案件中的情形，房屋买受人购买房屋后未办理过户，因出卖人负债，房屋被法院查封，当买受人提起的案外人异议被法院的执行机关驳回后，买受人应当如何进一步寻求救济。此类问在司法实践中十分常见，如何适用法律是法院审理此类执行异议之诉案件的难点所在，法院的审理方式一般存在两种不同进路。

（一）承继案外人异议审查的思维路径

此种审理思路认为，案外人排除不动产执行的法律规范主要规定在《最高人民法院关于人民法院办理执行异议和复议案件若干问题的规定》（以下简称《执行异议和复议规定》）等司法解释中，案外人异议之诉案件紧接案外人异议而来，《执行异议和复议规定》可以在案外人异议之诉中直接适用。法院审理期间，应对可以排除不动产执行的法律规范进行逐一审查，如果案件事实能够符合其中任何一条的规定，案外人的诉讼请求便能够得到支持；如果均不满足，则应当驳回案外人的诉讼请求，继续执行该不动产。

《执行异议和复议规定》第二十九条规定的是房屋消费者物权期待权的保护条件，限于消费者直接向房地产开发企业购房的情形；而第二十八条规定的

是一般不动产买受人物权期待权的保护条件，对于被执行人没有主体方面的限制。[①] 若要阻却普通金钱债权的执行，当不符合第二十九条规定的条件时，如果符合第二十八条规定的条件，依然可以阻却执行。

第一，根据《执行异议和复议规定》第二十九条的规定进行审查。该条指向以房地产开发企业名下的商品房作为执行标的物的情形，基于对消费者生存权的维护，对房屋消费者的物权期待权给予特殊保护，赋予其排除执行的效力。因此，该条保护的对象为消费者，具体表现为"所购商品房系用于居住且名下无其他用于居住的房屋"的买受人，并且买受人已经支付了大部分价款。以前述案例为例，陈某亭在房屋交付后即委托时风公司出租并由时风公司向其支付收取的租金，且案涉房屋至被执行时一直处于对外出租状态，可以认定陈某亭购买该房屋系为投资并以获取租金收益为目的，其并非为自住而购房的消费者，该房屋的查封、执行并不关切其生存利益，因此不符合第二十九条的适用的条件，陈某亭依据该条无法排除对案涉房屋的执行。

第二，根据《执行异议和复议规定》第二十八条的规定进行审查。该条系对无过错买受人物权期待权的保护，因此特别要求未办理房屋过户登记的原因不可归责于买受人自己，才能满足排除执行的条件。前述案例中，陈某亭与时风公司订有合法有效的商品房买卖合同，且已支付全部购房款并通过间接占有的方式占有案涉商品房，但尚未办理过户登记系其自身原因，因此不满足该条的适用情形。

第三，根据《最高人民法院关于建设工程价款优先受偿权问题的批复》第二条[②]的规定进行审查。该条规定了工程价款优先受偿权尚且不能对抗房屋买受人的物权期待权，根据举重以明轻的原则，普通债权更不得对抗房屋买受

---

① 《执行异议和复议规定》第二十八条　金钱债权执行中，买受人对登记在被执行人名下的不动产提出异议，符合下列情形且其权利能够排除执行的，人民法院应予支持：（一）在人民法院查封之前已签订合法有效的书面买卖合同；（二）在人民法院查封之前已合法占有该不动产；（三）已支付全部价款，或者已按照合同约定支付部分价款且将剩余价款按照人民法院的要求交付执行；（四）非因买受人自身原因未办理过户登记。

《执行异议和复议规定》第二十九条　金钱债权执行中，买受人对登记在被执行的房地产开发企业名下的商品房提出异议，符合下列情形且其权利能够排除执行的，人民法院应予支持：（一）在人民法院查封之前已签订合法有效的书面买卖合同；（二）所购商品房系用于居住且买受人名下无其他用于居住的房屋；（三）已支付的价款超过合同约定总价款的百分之五十。

② 《最高人民法院关于建设工程价款优先受偿权问题的批复》第二条　消费者交付购买商品房的全部或者大部分款项后，承包人就该商品房享有的工程价款优先受偿权不得对抗买受人。

人的物权期待权。但该条与《执行异议和复议规定》第二十九条的精神是一致的，并且《执行异议和复议规定》第二十九条脱胎于该条，是对该条的细化和完善。《最高人民法院关于建设工程价款优先受偿权问题的批复》第二条规定的救济和保护的对象仍然为消费者，针对的是消费者购买商品房自住的情形，其本意在于保护个人消费者的基本生存权益，而非商业利益。因此，如果买受人买房作为投资而非自住，则不涉及买受人生存权益的保障问题，不具备对《最高人民法院关于建设工程价款优先受偿权问题的批复》进行逻辑推论的前提条件。

第四，根据《最高人民法院关于人民法院民事执行中查封、扣押、冻结财产的规定》第十七条①的规定进行审查。第三人已经支付全部价款并实际占有，但未办理过户登记手续的，如果第三人对此没有过错，人民法院不得查封、扣押、冻结。《执行异议和复议规定》第二十八条脱胎于该条，两者一脉相承。因此，当未办理房屋过户登记的原因归责于买受人自己时，该条亦无适用空间。

第五，根据《最高人民法院关于审理建筑物区分所有权纠纷案件具体应用法律若干问题的解释》（以下简称《建筑物区分所有权解释》）第一条第二款②以及《中华人民共和国物权法》（以下简称物权法）第七十条③进行审查。《建筑物区分所有权解释》的上述规定是为保护房屋买受人的居住权益、生存利益而作出的一项特别规定。如果能够将已经合法占有房屋但未办理过户登记的买受人视为业主，则业主对专有部分享有所有权，进而享有对案涉商品房排除执行的权利。前述案例案涉商品房用途为商业用房，房屋系酒店式公寓而非住宅，买受人购房后用于投资出租，并不存在买受人的居住权保护问题，因此

① 《最高人民法院关于人民法院民事执行中查封、扣押、冻结财产的规定》第十七条　被执行人将其所有的需要办理过户登记的财产出卖给第三人，第三人已经支付部分或者全部价款并实际占有该财产，但尚未办理产权过户登记手续的，人民法院可以查封、扣押、冻结；第三人已经支付全部价款并实际占有，但未办理过户登记手续的，如果第三人对此没有过错，人民法院不得查封、扣押、冻结。

② 《最高人民法院关于审理建筑物区分所有权纠纷案件具体应用法律若干问题的解释》第一条　依法登记取得或者根据物权法第二章第三节规定取得建筑物专有部分所有权的人，应当认定为物权法第六章所称的业主。基于与建设单位之间的商品房买卖民事法律行为，已经合法占有建筑物专有部分，但尚未依法办理所有权登记的人，可以认定为物权法第六章所称的业主。

③ 《中华人民共和国物权法》第七十条　业主对建筑物内的住宅、经营性用房等专有部分享有所有权，对专有部分以外的共有部分享有共有和共同管理的权利。

陈某亭不宜被认定为《建筑物区分所有解释》所保护的业主范畴。

因此，通过对以上法律规范进行分析审查，如果案件事实能够符合其中任意一条的规定，则法院不得对案涉不动产进行强制执行；反之，如果均不符合，则应当认定案外人对案涉不动产的实体权利不足以排除强制执行。在前述案例中，按照此种思路进行审理，陈某亭均不符合，因此陈某亭对案涉房屋所享有的物权期待权不能对抗上海住安公司对案涉房屋的执行请求权，不能排除对案涉房屋的执行。

（二）各方当事人权利比较的思维路径

此种观点认为，《执行异议与复议规定》作为法院执行机构审查执行异议与复议的司法解释，在执行异议之诉中不能直接适用。在专门针对执行异议之诉的相关司法解释出台前，执行异议之诉案件首先应当根据民法及其基本原理进行分析。在案外人异议之诉中，应当对案外人、被执行人对执行标的享有的权利以及申请执行人的执行请求权进行甄别和排序。

申请执行人之所以能够申请法院强制执行被执行人的某项财产，是因为被执行人对该财产享有一定的权益，其中包括占有、处分、使用、收益、给付请求权、优先受偿权等其中的一项或数项权利。当被执行人负有到期债务时，被执行人应当通过转移对某项财产所享有的权益至债权人的方式，以消灭该到期债务。如果被执行人不主动履行，人民法院的执行机关可以强制转移被执行人对该财产的权益至申请执行人，此为强制执行的本质所在。

因此，强制执行的实施存在前提条件，即只有被执行人对执行标的物享有的权益才能通过国家的强制执行程序移转给申请执行人，通过强制执行移转的权益不能大于被执行人对该执行标的物所享有的权益范围，如果被执行人对某项权益尚不享有，便谈不上通过强制执行移转的问题。举例而言，如果被执行人仅对某项财产享有用益物权，执行机关在执行过程中则不可以将该财产的所有权移转至申请执行人，因为被执行人尚且不具备该财产的所有权，便不可能通过国家的强制力将该财产的所有权移转至申请执行人。

在案外人执行异议之诉中，能否排除对执行标的物的执行仍应遵循这个逻辑。我们可以把申请执行人的执行请求权用 A 表示，被执行人对执行标的享有的权利用 B 表示，案外人对执行标的享有的权利用 C 表示。因此判断案外人对执行标的物能否排除强制执行标准为：将申请执行人的执行请求权 A 与案外人对执行标的享有的权利 C 进行比较，如果 $C>A$，则应当排除执行；如果 $C<A$，则应当继续执行。根据前述分析，我们已知申请执行人的执行请求权 A 不得大于被执行人对执行标的享有的权利 B，即已知 $A\leqslant B$。因此需要比较的是被执行人对执行标的享有的权利 B 与案外人对执行标的享有的权利 C 何者更大，结论便可以得出，其法律关系图示如图一所示：

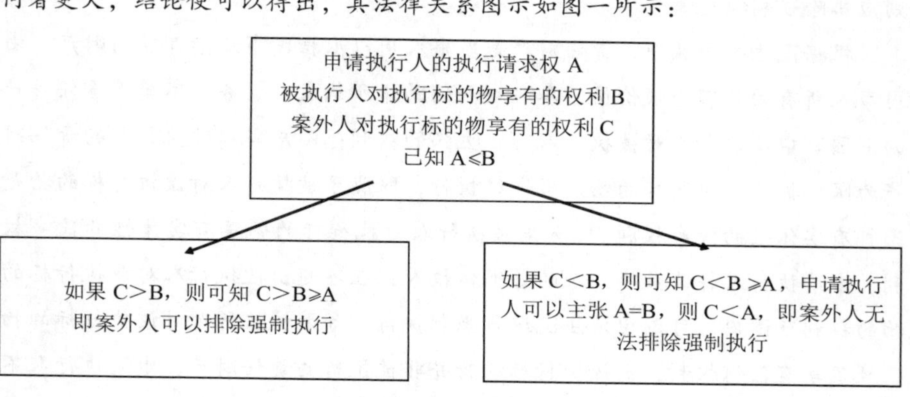

图一　执行异议中的法律关系图

由此可知，当被执行人对执行标的享有的权利大于案外人对执行标的享有的权利时，案外人无法排除对执行标的物的执行；反之，当被执行人对执行标的享有的权利小于案外人对执行标的享有的权利时，此时案外人享有的权利在三者中最大，其可以排除对执行标的物的执行。

在前述的案例中，陈某亭 2004 年即签订了书面购房合同，2007 年支付了全部购房款并实际占有房屋，此时，被执行人时风公司对案涉房产仅有过户给案外人陈某亭的义务，除此之外更无其他权利。申请执行人上海住安公司作为时风公司的普通债权人，其对被执行人时风公司名下的房产依法所能主张的权利，不得大于时风公司自身对案涉房产依法所能主张的权利。陈某亭对案涉房产所享有的实体权利大于时风公司，因此，即使案外人陈某亭未办理房屋过户登记，其所享有的权益也足以对抗本案的申请执行人上海住安公司。

二、责任财产与外观主义

（一）申请执行人对被执行人可以主张的权利范围

强制执行的基本功能是实现生效法律文书确定的权利人的权利，强制执行应当以被执行人的责任财产为限，不属于被执行人的责任财产，执行机关不得强制执行。执行异议之诉作为排除不当执行的诉讼制度，审理重点应当围绕着执行标的物是否属于被执行人的责任财产而展开。若执行标的物属于被执行人的责任财产，则应继续强制执行；若执行标的物不属于被执行人的责任财产，则应排除强制执行。

根据民法基本原理，责任财产是当事人用以承担民事清偿责任的财产，由当事人所有的具有金钱价值的各种权利的总体所构成，义务并不属于责任财产的范围。申请执行人对被执行人可以主张的权利范围应当以被执行人的责任财产为限，据此，执行标的物能否继续执行，取决于被执行人对该执行标的物是否拥有实体性的民事权利。① 如果被执行人对执行标的物享有实体性的民事权利，申请执行人作为被执行人的普通债权人，在不超出被执行人对该执行标的物的权利范围内，可以申请法院进行强制执行。如果被执行人对该执行标的物已经不享有任何权利，则该执行标的物并非被执行的责任财产，申请执行人不得对该执行标的物申请执行。案外人异议之诉中，在认定讼争标的物并非被执行人的责任财产之后，即可排除强制执行。

（二）普通债权人并非外观主义保护的对象

有观点认为，既然房产登记在被执行人名下，则被执行人对该房产享有所有权，申请执行人基于外观主义有理由相信该房产为被执行人所有，所以应当优先维护物权公示公信的效力，对该房产予以执行。

笔者认为，外观主义是指以交易当事人所体现的外观为标准，而确定其行为所产生的法律效果。即公示于外表的事实，纵与真实的情形不符时，对于依该外表事实所进行的相关行为，亦需加以保护，以维持交易的安全。② 外观主义作为商法的基本原则之一，其实际上是一项在特定场合下权衡实际权利人与外部第三人之间利益冲突的规则。为了保护信赖该外观的第三人，法律规定纵使真实的情形与外观不符，实际权利人仍需承担推定该外观为真的后果。外观主义的目的在于降低交易成本，维护交易安全，但其适用也可能会损害实际权利人的利益。公示公信原则、善意取得制度皆为外观主义在法律上体现。

外观主义对真实权利人苛以该外观表象真实状态下的法律效果，赋予第三

① 参见最高人民法院（2018）最高法民终873号民事判决书。

② 赵万一：《商法基本问题研究》，法律出版社2002年版，第72页。

人根据法律一般规则不能获得的权利，这就决定了外观主义的适用应当有其严格的边界。[①] 外观主义的本质是信赖利益的保护，信赖利益产生于缔约和履约的过程中，脱离了契约行为的信赖利益是不存在的。只有契约交易的双方，才能对相对方产生信赖，从而享有信赖利益；交易关系之外的人，谈不上对外观的信赖，自然无信赖利益可言。信赖利益基于契约关系而产生，信赖利益的主体是从事交易的双方。因此，外观主义的适用应限制于交易关系之中，不能扩大到要求真实权利人对所有人都承担此种特别义务。基于外观进行交易产生信赖利益的相对人，须予以保护；而未发生交易的普通债权人，无此信赖利益，不能获得外观主义保护。

基于上述分析可知，在执行异议之诉中外观主义适用的保护范围为基于执行标的物发生交易关系的第三人，不适用于非交易方的普通债权人。物权法中关于不动产物权的设立、变更、转让和消灭自登记时发生效力的规定，系关于权利推定的规定，意在保护基于这一权利外观而与之交易的善意第三人的利益，普通债权人不是被执行人的交易相对人，并非公示公信原则的保护对象。前述案例中，申请执行人上海住安公司并非针对案涉房产从事交易的第三人，仅因一般债务而进入执行阶段查找到被执行人时风公司名下的该房产，此时双方不属于交易关系，无信赖利益保护的需要，不适用外观主义。故上海住安公司基于公示公信原则要求强制执行案涉房产的主张，不能成立。

三、《执行异议与复议规定》在执行异议之诉中并不当然适用

执行异议之诉是确认之诉和形成之诉的合成，一方面确认实体权利，另一方面也具有排除执行的形成效果。[②] 执行异议之诉制度作为民事执行救济体系中的重要一环，具有独立的地位和程序价值。在案外人提出执行异议的程序中，执行机构对执行标的根据其权利外观进行审查判断。而对案外人仍不服提出执行异议之诉的，其主要是对权利外观提出异议，主张其系真实权利人，外观与真实不符的情形。执行异议的审查结果对执行异议之诉的裁判结果不产生任何影响。

《执行异议与复议规定》系执行异议的审查标准，而非执行异议之诉的审

① 王焜：《积极的信赖保护——权利外观责任研究》，法律出版社2010年版，第96页。
② ［日］三月章：《执行法的救济》，载《民事诉讼法讲座》（第四卷），第1112～1122页。

查标准。执行异议与执行异议之诉均是在执行阶段为案外人提供司法救济的制度，但两者的性质却有本质的不同。执行异议为执行程序，执行异议之诉为审判程序，前者更重效率，而后者更重公平。执行异议的审查部门一般为执行局，以形式审查为原则，属于程序性和阶段性的审查，且只有十五天的审查期；而执行异议之诉作为一个完整的民事审判程序，其审理部门一般为法院的各审判业务庭，有一审、二审以及再审程序作为保障，需要对案外人是否享有阻却执行的实体权利进行实质性审查，并作出最终的实体判决。如果审判法官像执行法官那样通过形式审查来判断执行标的的权属，不仅导致审判程序与执行程序在原理和运作上的混同，而且会极大地侵蚀民事审判的公平价值，背离审执分立的基本宗旨。①

由于执行异议与执行异议之诉存在如此重大的区别，从法院审查的角度，执行异议与执行异议之诉不应适用同一标准。《执行异议与复议规定》中的大部分条款规定的是形式审查标准，与执行异议之诉需对实体权利进行实质性审查的要求不符。《执行异议与复议规定》第二十八条、第二十九条虽规定了部分实质审查的内容，但其仍是审理执行异议过程中的依据，不应简单适用于执行异议之诉中。

因此，在案外人异议之诉相关司法解释出台前，《执行异议与复议规定》的条款仅可以作为执行异议之诉的参考依据，并不当然适用。如果《执行异议与复议规定》不足以在实体上判断案外人就执行标的是否享有足以排除强制执行的民事权益，法官应当根据物权法等民事实体法或民法基本原理进行审理执行异议之诉案件并作出裁判。即便引用《执行异议与复议规定》中的条文作为执行异议之诉案件的裁判依据，在裁判文书的表述上，引用法律条文的部分也应当表述为“参照”，而非“依照”。

① 肖建国：《执行标的实体权属的判断标准——以案外人异议的审查为中心的研究》，载《政法论坛》2010年第3期。

《最新法律文件解读》丛书
稿　　约

《最新法律文件解读》是一套以为最新法律规范提供同步"解读"为主的系列丛书，分为刑事、民事、商事、行政与执行4个分册，按月出版。

本丛书以"解读"为重点，突出全、专、新、快、准等特点，通过对最新出台的法律、法规、司法解释、部门规章以及重要地方性法规进行同步动态解读，弥补了法律、法规、司法解释汇编类出版物没有同步阐释、解读内容的不足，为广大读者学习理解最新法律规范，正确贯彻执行法律文件，及时解决实践中的新情况、新问题，提供一个全方位、多层面的法律信息平台。

欢迎您向以下栏目赐稿：

【最新法律文件解读】主要是对最新颁行的法律文件进行解读，帮助司法和执法人员正确理解法律文件的立法背景、意义、重点内容、在适用中应注意的问题、与相关法律文件的衔接与互动关系等等。

【司法实务问题研究】主要刊登对司法理论、实务及司法管理工作中的热点、疑难问题进行研究及评论的文章。

【新类型疑难案例选评】主要是对司法和行政执法实践中具有典型性和代表性的疑难案例，结合具体案情以及审理或处理结果进行简练精辟的点评，解析认识问题的方法、处理问题的法律依据和在个案中的具体适用。

【法学前沿与新视点】以摘要的形式刊登相关法学理论研究的最新动态及具有代表性和典型性的前沿问题，扩展法学研究的深度和广度。

【法律适用问题解答】主要针对司法和行政执法实践中面临的新问题、热点问题、疑难问题进行简要的解答，指出涉及的法律关系，明确法律适用依据。

稿件一经刊用，即付稿酬，稿酬从优。

《刑事法律文件解读》　　姜　峤　邮箱：bj85250573@126.com
《民事法律文件解读》　　丁丽娜　邮箱：dlnlaw@163.com
《商事法律文件解读》　　路建华　邮箱：shangshijiedu@126.com
《行政与执行法律文件解读》　张　奎　邮箱：271717306@qq.com

人民法院出版社
《最新法律文件解读》丛书编辑部